Herbert Turetschek

Skizzen

AF210804

Bibliografische Information der Deutschen Nationalbibliothek: Die Deutsche Nationalbibliothek verzeichnet diese Publikation in der Deutschen Nationalbibliografie; detaillierte bibliografische Daten sind im Internet über www.dnb.de abrufbar.

Originalausgabe März 2025

Copyright © 2025 Herbert Turetschek

Titelbild vom Autor

Verlag:

BoD · Books on Demand GmbH,

In de Tarpen 42, 22848 Norderstedt,

bod@bod.de

Druck:

Libri Plureos GmbH,

Friedensallee 273, 22763 Hamburg

Made in Germany

ISBN: 978-3-7693-7651-7

Skizzen

Gewidmet Nicola und Lea

Ratte

halstötender Biss

Sonst bringst du den Tod

Tod durch Pest bis zum Skelett abgemagert

Angst, Ekel

Es gibt Hoffnung im Gift (es ist kostenlos)

Im Müll:

Lebensmittel Im Abwasserkanal, vom
verkalkten Rohr bis zur Toilette

(von der Toilette zum Abwasserkanal über
verkalktes Rohr)

Wir sind klug, klug, unnahbar und
schüchtern

Wir Menschen mit Schneidezähnen Und
nacktem Schwanz

Grau

Freude am Leben

Im gelben Rapsfeld waschen

Wandern im dunkelblauen Meer

Erleben die nackte Natur

Liegen während der Massage in der Sauna
Ich denke, es ist mein Traumberuf

In der Wärme, Kerzenlicht und Sonnenlicht
Ich entdecke meine Geburt neu

Wiederholt

Taube

Pickend, flatternd, schillernd

auf dem Marktplatz

effizienter Interventionist

extrem neugierig

treu, treu

Du bist krank und liegst am Boden

Bewege dich über Mausgrau

Keine Kinder mehr, die dich herumjagen
Lieblingsspielplatz

Lieblingsort

Schatz

Karussell

Du erinnerst dich vielleicht – stolz
Sehnsucht, Leere, Traurigkeit

Dir ist nicht schwindelig

Was auch immer die Gefahr war, die
Aufregung siegte

Unterdrückt das Böse, Luftdruck

Der Kreis ist außer Gefahr

Du hast der Hexe das Plastikgeld gegeben
Die Messe hält dich immer noch als Kind
Musik, Feuerwehrleute und Pferde werden
gefeiert

Gedicht

Wie bunt und sonnig

Schach

Du dachtest, du wärst klug und groß

(Ich habe deine Arbeit vernachlässigt)

War das nur Enttäuschung oder Betrug?
Scham kann dich nicht retten

Wenn du verlierst, wirst du wütend und
wütend

Ich habe dich in deiner Abwesenheit
getroffen

Du warst begeistert sinkend, sinkend,
verschmutzt

Dein Leben war ein Kampf
Schachmattdenken, Angstangriff,
Kampftaktiken

Die Faust fuhr ihm tief ins Gesicht

Bist du eine Maschine?

Du kennst die Spieler nicht (wie ich)

Eher wie Damen und Könige

Zwerg

Sie wollen einen Partner?

Alleinsein macht keinen Spaß

Einen Partner zu finden ist ein langer Weg
Es ist wie ein Weg zurück zur Nostalgie

Nur Mittelalter

Klein zu sein bedeutet traurig zu sein

Eine kurze Lebenserwartung gibt Kraft

Auch wenn man jung fällt

Und es wird noch demütigender

Man kann immer Kunst machen, auch
Zirkus

Studieren – okay

Fahrrad- und Kinderschuhe

Ich stehe bereit im Aufzug (Klingeltaste
oben) von einer sehr hohen Treppe aus

Anonym

Ich gehe voller Ehrfurcht durch die Hallen
Stimuliere das Gefühl, Ihr Bild zu sehen

Du bist frech, du bist mutig und das macht
dich so offen und so modern

Das Geheimnis des gelben Plakats

Treue vor Litfaßsäule

Eine einfache Schriftart, ein interessanter
Artikel

Mangel an Vorstellungskraft, grau

Monotonie: abgedroschen und langweilig
Sie treffen die Wahl

(niemand mit einer Kalaschnikow hinter dir)

Erfüllung

Halten Sie mich nicht auf – beeilen Sie sich
Er sollte lang sein, der Hauptmarkt – Zeit ist
Geld

Es ist ein Fest für dich (und mich)

Eng für mich (und für dich)

Sie zahlen direkt

Eine Reise durch die Mondlandschaft
erfordert eine sorgfältige Vorbereitung
Auch Abenteuer, vorher und gleichzeitig
Dein tiefer Blick und dein Zittern nach dem
Wandern

Volle Lippen sind umwerfend

Gleichzeitig wartet beim Gipfelfest jemand
anderes darauf, dass der Stamm bricht
Davor zitterte sie wie immer

Sie breiten Ihre Flügel aus, zittern und lösen
Spannungen.

Es überrascht mich nicht, dass du bereit bist
(du benimmst dich so), aber du bist immer
noch bereit

Leckeres Essen fließt, süße
Flüssigkeitsblasen

Es ist nicht fair, es ist nicht kostenlos, aber
es ist immer noch ewiges Glück

Meer

Überall wo du hinschaust

Ihre raue Oberfläche besteht aus
rutschigem, scharfkantigem Sand

Und klare Fluten sind wolkige Berge

Haut, Sonne und Steine tun nicht immer
weh

Danach

Blaues Gebäude, Liebling, dein Blau
Beträufele die Gischt mit einem Salzstreuer

Kranke Person

Medizin ist ausgestellt

Mut und Ekel sind gleichzeitig, unvollständig
Du hast Schmerzen, aber es geht dir immer
noch gut

(Du bist krank, weil du Schmerzen hast)

Dein Schmerz steht dir ins Gesicht
geschrieben

Weil dein Schmerz deinen Rücken beugt
und du den Berg nicht siehst, der den Gipfel
trägt

Du bewachst dein Bett ohne Stimme

Deine Hand ist blass, deine Haut ist blass,
dein Frühstücksdurst ist dir gleichgültig
Ermüde deinen Schmerz

Haare im Waschbecken, verstreute Kleidung
und anhaltender Geruch

Ausbeuter

Das haben Sie bereits – und Sie werden
noch mehr bekommen

Und ich glaube, ich habe mehr

Du bist schon stark, du wirst stärker

Meins verblasst

Diese Privilegien, nur weil du alt bist

Privilegien: Sie werden jedem gewährt, der
sie hat

Als Anwalt oder Computer-Typ ist dir
bekannt, dass ich dein schlechter Nachbar
bin (denk daran)

Der Rosenkrieg kommt Anwälten zugute
Machtmissbrauch durch privilegierte
Eifersucht und Hass ...

Sie sagen, kämpfen Sie miteinander und
kommen Sie miteinander aus, aber das ist
Tyrannei, Tyrannei des Hasses, Tyrannei des
Neides

Wo ist das Mittelalter, wo sind die Rituale?

Wo ist die Herrschaft - hier und jetzt?

Die Verfassung ist geduldig

Dein Selbstzahler schreibt hier

und verantwortungsvoller Diener

und träumt von Chancengleichheit

Wal

Du erhebst dich stark aus den Fluten

Wenn Sie sagen, dass du nicht schnell bist,
beweist du ihnen das Gegenteil, indem du
beharrlich darauf bestehst

Du hast die Kritiker geschickt zum
Schweigen gebracht

Denn du bist immer größer

Doch Zärtlichkeit und Loyalität sind keine
Fremdwörter

Du singst lieber, als zu kämpfen

Wir finden das beeindruckend und
nachdenklich

Dein Schicksal ist grausam

Tonnen überqueren die Weltmeere – du
uraltes Tier…

Wir sind so verwandt, so intelligent, wir
sprechen deine Sprache

Medikamente

Ich gehe über den Fliesenboden: Dein Duft
steigt mir in die Nase

Dein Vergnügen ist Schmerz, du bist nicht
dankbar für dein Erbe

Die Freude am Experimentieren in der
Jugend Trennung von Zuhause und Schule
Es folgen Schmerz, die Last des Bösen,
Bedrängnis, Bedrängnis und der Tod des
Todes.

Der heimgesuchte Verfall, der durch das
Böse der Menschheit krank gemacht wird
Aufgrund der Einheitlichkeit nicht zur
Nachahmung empfohlen

Meine gestohlene Kindheit endete mit
falscher Liebe

Meine imaginäre Welt ist scheinbar in
Sicherheit

Gerechtigkeit

Hart – Gerechtigkeit ist langsam, wenn sie
klein ist

Oft mit Täuschung einhergehend, wird
bekanntes Unrecht geschaffen, alte
Zustände kommen zum Vorschein

Größe – schwierig, große Namen, viel
wahrscheinlicher – Recht haben und Recht
haben ist nicht dasselbe, wer allein gelassen
wird, hat es leicht, es gilt immer noch das
Gesetz des Stärkeren

Der Anwalt hat die Waffe gewechselt.

Ich suche nach Akzeptanz im Gerichtssaal
und finde nur einen Prozess

Ostern

Ihr kommt alle vier ins Gras, werft Eier, wer
sein Essen zerbricht, isst es

Und die Nester bleiben sehr bunt im Raum
Der Papst ist Gott sei Dank nicht mehr so
emotional wie zu Weihnachten

Urbi-orbi für Kaninchen und Huhn

Peterstag für Sonnenanbeter

Salz und Schinken bei Menschenkindern

Die Menschenmenge auf dem Petersplatz
begibt sich auf einen Ostermarsch

„Essen auf Rädern"

Und während des Osterfestes immer das
gleiche Filmprogramm

Kulte

Halbe Informationen verbreitend

Fanatismus schürend

Führen sie die Arbeitsunfähigkeit herbei

Sie übersehen keine Gewalttat, die sie
begehen können

Zerstöre Familien

Sie kennen nur Gewalt, sie haben keinen
Respekt vor dem Leben

Sie bekommen ihr Geld von Leuten, die in
gutem Glauben sind

Sie stellen eine Gefahr dar

Furcht

Die Art, wie du vor mir gesessen hast, bevor
du ins kalte Wasser gesprungen bist

Ich denke an das Glück danach

Jetzt bist du unsicher, jetzt fängst du nicht
an, jetzt verbirgst du dein Gesicht in deinen
Händen (mit deinen langen, schmalen
Fingern), jetzt lachst du, du respektierst
mich und stellst mir Fragen

Ich hoffe nicht auf deine Depression und
Todesangst, weder auf Gefahr noch auf
Traurigkeit

Du kannst das Leben

Malen ist Therapie

Aber normalerweise nur

Verdacht

Du hast mich leiden lassen, viele haben sich
von mir abgewandt

Ich stecke in großen Schwierigkeiten

Du hast mich aus Versehen gejagt

Ich werde gemobbt, besonders am
Arbeitsplatz.

Sie können viel vermuten, aber sie wissen
sehr wenig; Wussten sie es wirklich?

Oder vermuteten sie eine
Drogenabhängigkeit aufgrund des
Tabakkonsums?

Es war den Kampf wert, an die Spitze zu
gelangen; eine faire Belohnung für dich
Mein zerrüttetes Leben gewinnt nun an
Unsicherheit

Gutartig

Du siehst – jetzt machst du es langsamer

Du bist verärgert, du ziehst dich zurück

Du hast mich ausgenutzt und du hast mich
ausgenutzt

Gewalt erzeugt selten Gegengewalt – ich
verzeihe dir

Dein Stolz wird sowieso vor deinem Sturz
kommen

Du wirst es lernen.

Gutmütigkeit ist keine Dummheit

Der Diener des Bösen war der Alkohol: Man
kam zu spät oder gar nicht

Du kannst Grenzen respektieren und geben

Exekutive

Das große Erbrochene verschwindet

Er redet nicht, er spielt das konkrete
Kopfspiel

Emotionslos, dich in die Falle tappen
lassend

Reagiert er übermäßig freundlich, aber sei
unmenschlich

Weckt dich grob aus dem Schlaf

Werde reich, werde geschmeidig, werde
hart, werde gierig

Du edler Narr, du diplomatischer Pinsel

Du großzügiger Narr

Regen

Ekelhafte Schnecken – nur Kinder in
Gummistiefeln in Pfützen

Und dann, nach der Nässe und der Wut, der
Dreck an den Schuhen.

Ich stellte den Regenschirm ans Fenster, um
das Knistern zu vermeiden.

Die traurige Nachricht von starken Winden,
die Sehnsucht nach dem Süden kühlt ab.

Faulheit

Auch wenn du glaubst, dass du das
Columbus-Ei herstellen kannst, verwendest
du keine neue Methode.

Du denkst, du bist einfach nur modern

Das liegt an der fehlenden Struktur: Sie
machen Versprechen und halten nichts

Du spielst das falsche Spiel und schämst
dich nicht

Du nimmst deine ganze Hand für den
kleinen Finger

Probierst Hin- und Her-Tricks aus

Worauf bereite ich mich vor?

In was verliebe ich mich?

Warum halte ich mein Versprechen?

Du genießt Mallorca

Regensburg

Kreativität ist in dieser konservativen
Altstadt ein Fremdwort

Altmodische, moderne und unendlich
verführerische altmodische Neureiche, die
vorgeben, traurige Feen zu sein

Der Nebel lichtet sich, aber du bist immer
noch nicht aufgewacht

Du schaust mit deinem geschminkten,
dummen und mutigen Gesicht auf das
Wasser der Donau

Wenn es zufällig nicht vorübergeflossen
wäre, wärst du leblos

Die Türme Ihrer Kathedrale waren über
Jahrtausende hinweg unbedeutend und zu
starr.

Buffalo läuft durch enge Gassen

Du meinst Regensburg – mondän

Die Guten

Glauben Sie mir, sie sind sparsam und
haben oft Geld

Weil sie ruhig, bescheiden und ordentlich
sind – Christen

Sie masturbieren gelegentlich nachts,
schreiben darüber in ihr Tagebuch und
schämen sich sehr.

Sie engagieren sich übermäßig für ein Ziel,
das nichts bringt

Und obwohl sie nur auf Kosten des Volkes
leben, glauben sie fest an ihre Sache.

Freundschaft

Du bist stumm – ich habe nicht gesagt, was
du gesagt hast

Du langweilst mich mit deiner
Gleichgültigkeit

Wir sind nicht gleich; weißt du das nicht?
Entfernung spielt für uns keine Rolle

Auf unsere Freundschaft war lange Zeit
Verlass

Ich wollte dir folgen, bis ich sterbe

Loyal sein mit dir, durch dick und dünn
gehen

Loyal und unerschütterlich gegenüber allen
Feindseligkeiten

Aber jetzt enttäuschst du mich – ganz
ehrlich!

Unfähig

Ich bin heute mit Kopfschmerzen
aufgewacht

Als ich aus dem Bett aufstand, verspürte ich
Beschwerden im rechten Knie.

Mein rechtes Auge zuckte ständig

Also wollte ich mich im Bett verstecken

Verstopfung in meinen Gliedern

Lähmung in meinen Knochen

Immer kämpfen:

Lass dich nicht beruhigen, sei hart, sei
streng

Ich sage nein

Punkt Punkt Punkt

Ein Kind, das auf der Suche nach einem
Verbrechen ist, denkt, es sei so und so.
Vermeidet Lob und kann keine
Anerkennung annehmen

Das Selbstwertgefühl ist im Keller

Ich beobachte, dass ich mich selbst
verletzte und kein Schmerzgefühl verspürte.
Die Angst eines kleinen Jungen führte zur
Selbstzerstörung

Warum haben sie in Ihrer
Auseinandersetzung auf Manuel/Manuelas
Rücken gekämpft?

Und sie behandeln es nicht

Unsicherheit

Ich bin heute Morgen wütend auf dich

Ein lähmendes Gefühl überkommt mich
Mein Selbstwertgefühl ist am Boden,
Verzweiflung erschüttert mich

Fremde Kontrolle regt mich auf

Du sagst ha und heiß (ich sage heiß und ha)
Du handelst ohne Schuldgefühle und wir
könnten Punkte sammeln

Ich lasse mir nichts aufzwingen, also kämpfe
ich und es ruiniert meine Pläne.

Fehler schleichen sich ein und beginnen mit
Herzklopfen und Zittern

Sich beeilen

Du sagst dumme Dinge

Dein Argument ist dumm

Dumme, dumme, unreife, leere Ausdrücke
Dränge mich nicht mit Ausdrücken im
Propagandaton: Es macht mir Angst, aber
du fühlst dich trotzdem sehr wohl dabei.

Sie haben einige Probleme, die sie nicht
lösen können: Auf jeden Fall sind Sie
definitiv kinderfeindlich

Mixer-dumm

Melancholie

Ich stehe vor dem Fenster

Regentropfen prasselten auf mein Gesicht
Erinnerungen an meine Jugend – ich bin alt
geworden

Atme tief von der Zigarette ein

Ich denke an verpasste Chancen

Und im Selbstmitleid schmelze ich dahin

Missbrauch

Du bist nach Griechenland geflogen

Du hast meine Kindheit gestohlen und
gestohlen

Du hast den Schmerz und die Wunden
zurückgelassen

Du hast deine Macht missbraucht (wie alle
anderen auch);

Könnte ich dich kontrollieren (wie deine
Freunde behaupten)?

Ich wusste lange Zeit nichts

Mein übertriebenes Selbstvertrauen war
der vergeudete Vorschuss

Jetzt habe ich wieder meine Freiheit

Hitze

Bewaffnet mit Badeanzügen und
Sonnenbrille

Der Himmel ist fröhlich, die Stimmung ist
grün, die Traurigkeit vergeht,

Blau, Blond ist hell, die Sonne ist hell

Sonne und Sonnenbrand kommen ins Spiel.
Und eine rote Nase,

die ganze Welt zittert

Meine Tochter

Das Bild in meiner Erinnerung: Dein
lächelnder Mund

Und ich vergesse deine schöne Nase und
deine klugen Augen

Du zeichnest das Bild gut und bestimmt.

Du außergewöhnliches Geschöpf

Du bist schön und klug

Und du kannst schön und treu sein

Mit deiner perfekten Natur

Dein Lachen, deine harte Arbeit und dein
außergewöhnlicher Charme

Sonnenbrille

Ah, eine wundervolle Sonnenbrille

Schiele nicht, wenn es hell ist, denn wenn es
dunkel ist, ist es schon dunkel

Sie ist in verschiedenen
Leichtglasausführungen erhältlich

Fahren kann man aber nur mit einer hellen Brille;

Auch außerhalb des Mittagessens ist das Tragen einer dunklen Brille möglich;

Sie abends und morgens zu vergessen, ist eine schlechte Sache, und wie jeder weiß, wird sie bei Regen nicht gebraucht.

Aber im Hochgebirge ist sie unverzichtbar und beim Aufenthalt im Schwimmbad ist sie auch keine schlechte Sache

Rechtsanwalt

Sie verteidigen die Interessen des Kindes und sind so dumm

Wenn sie andere Dinge sehen können, ohne betriebsblind zu sein, können sie arrogant und arrogant sein und Ihren Wunsch nach Geld vergessen.

Sie möchten punkten und denken, sie
wüssten alles

Wenn Ihnen der Schaden, den sie anrichten,
egal ist, provozieren sie ungestraft immer
mehr Konflikte.

Da sie nationalistisch und rechtswidrig sind,
ist die Anwaltskammer die einzige
Möglichkeit, mit ihnen umzugehen.

Moral

Gibt es etwas, das nicht erlaubt ist?

Es gibt nichts, was nicht ist

Es gibt nichts Perverses

Die Grenze ist die Grenze des anderen

Du denkst, du tust mir mit deinem
Verhalten weh

Du hast mich mit deinen Worten verletzt
Deine Gier nach Geld – Materialist – liegt
hinter der Absicht zu helfen.

Was für eine falsche Moral – du Moralist

Ich wünsche dir Unruhe und Unordnung
Vernunft und Kreativität bleiben Utopie

Gefiltert

Die Leute werfen zum Spaß mit Worten um
sich

Schwach verzweifelt

Geduldig den Tränen nahe

Geier spüren ihr Glück

Schwach

Unentschlossen

Es folgen Verletzungen

Sandwich-Junge

Ja, sie hatten Recht: Sie müssen mit Ihren
Problemen nicht zu mir kommen

Ich kann den psychischen Stress nicht
ertragen

Ich möchte keine Misshandlung ertragen

Ich werde jetzt mit der Ausbeutung
aufhören

Ich möchte auch frei sein

Ich möchte auch leben

Ich hätte auch gerne etwas

Ich möchte auch an die Spitze kommen

Ich möchte mich auch entspannen

Dem Wind sei Dank

Kämpfe dagegen mein Kind

Es ist schwer für dich, mein Kind
Inkompetente Angehörige sagen:
Kindeswohl

Inkompetenter Sozialarbeiter sagt:
Kindeswohl

Unzureichende Betreuungsperson:
Kindeswohl

Inkompetente Mutter flüstert: Kindeswohl
Unzuständiger Richter entscheidet:
Kindeswohl

Wem bist du treu?

Kämpfe dagegen mein Kind

Du hast es schwer gehabt, mein Kind.

Erkrankung

Halsschmerzen – da ist etwas los

Jetzt hast du es bemerkt: Schmerzen im Ohr
Es fühlt sich schlecht an

Du willst, aber du kannst nicht lügen
Dennoch bist du überwältigt

Du sitzt tot in der Sonne – in der Krippe
unter der Sommersonne

Spürst du die Ohnmacht?

Fühlst du dich entmutigt?

Ein Ende ist nicht in Sicht

Und immer noch geht nichts voran

Und du magst nirgendwo hin

Ergebnis: keine Freude an irgendetwas

Was haben Anwälte und Hausinspektoren gemeinsam?

Du denkst, du kannst betrügen

Du denkst, du kannst lügen

Du denkst, du kannst anderen das Leben schwer machen

Dies steht im Widerspruch zum Wohl der Kinder und zum Respekt vor den Menschen Du bist erfolgreich, aber nicht gut ausgebildet

Und du bist dir so sicher, dass dir nichts schaden kann, also provozierst du

Aber liegst du da nicht falsch?

Muttertag

Nazi-Vergangenheit

Rollenumkehr

Geschenke

Geschenkindustrie

Blumen

Blumenhandel

Kinder

Kinderfreude

Trennungsvirus

Du suchst die Aufregung des Unbekannten
Jetzt merkt man, dass das Neue alt ist

Du brauchst wieder den Nervenkitzel des
Abenteuers, nicht mit mir

Wovon loskommen und warum?

Weil die Verletzungen zu groß (irreparabel)
sind

Wegen deiner ungelösten Kindheit, wegen
deiner Sucht

Ich verwende Beziehungen als Kriterium

Mit dir trifft es auf Abenteuer

Ohne Worte

Ich möchte es dir sagen, aber ich kann nicht
Die gesagten Dinge könnten dich in die Irre
führen

Es fehlt jeder Satz

Es drückt nicht aus, was ich will – ich
brauche eine Klarstellung

Du denkst dir: Ich wünschte, ich könnte es
verstehen

Hinweis: Wir brauchen Spielzeug, weil wir
keine Kinder sind und Beziehungen sich
entwickeln müssen

Reagiere nicht falsch oder unüberlegt

Bin ich schlimmer als andere?

Ästhetisch

Was ist diese Riefenstahl-Mentalität?

Man kann Kunst nicht in den Dienst einer
Ideologie stellen

Die Natur kann nicht nachgeahmt werden;
Deshalb zeigt sich Schönheit erst, wenn
man sie sieht

Es steht niemand mit einer Kalaschnikow
hinter dir

Es kommt nicht von der Fähigkeit, Kunst zu
machen.

Nichts Gutes, wenn man es nicht tut
Fotorealismus ist eine Sackgasse

Depression

Aber ich habe erneut versagt

Aber ich habe wieder so viel Zeit
verschwendet

Ich bin ein armer Krüppel

Ich muss mich dringend ausruhen

Ich brauche Freundschaft

Es ist schrecklich für mich und die
Menschen um mich herum.

Es ist alles traurig

Alles ist traurig

Traurig und düster

Traurig

Intrigen

Bitte nicht stören: Das ist ein Merkmal von
dir, deinen Freunden und deiner Mutter

Sie legen Wert auf Vorteile und Macht
Deshalb verbreiten sie Lügen

Und nähren das Böse

Um von Lügen umgeben zu sein

Erziehung

Ist es Liebe?

Lebt die Liebe?

Zeigt Solidarität

Ist es Wohngleichheit?

Du vermeidest Ungerechtigkeit

Du setzt Grenzen

Freiheit nur für die Reichen – das kann es
nicht sein

Nicht nur das;

Du setzt strenge Grenzen für arme Kinder

Faulheit

Ich gebe mich der Völlerei hin

Ich verpasse nie eine Trinkrunde

Dann folgt Trägheit

Ich habe das Trinken satt

Regungslos und schlaff

Dann überkommt mich wieder die Arroganz
Ich mache eine Dummheit nach der
anderen

Als sich der Zustand des Esels
verschlechtert, geht er aufs Eis

Trägheit

Ich glaube: Alles ist möglich

Nach dem Trägheitsgesetz

Wir können jede Gelegenheit nutzen

Denn Trägheit ist das Gegenteil von
Geschwindigkeit.

Die Unwissenheit zu diesem Thema macht
mich verrückt

Und ich werde müde und faul

Und ich kann das Geheimnis nicht lösen
Wer schläft, sündigt nicht

Machtmissbrauch

Hauptstadt

Du versteckst dich hinter Theorien und
vergibst nie

Du kämpfst für Ideale

Produktionswege

Du bist am Rande

Du lügst und es tut dir leid

Du zerbrichst dein Porzellan

Klassen

Auf Ansprüche reagierst du mit Klagen

Du verursachst Katastrophen

Du lässt die Leute über die Klippe springen

Kleine Katastrophe

Ich spüre die Feuchtigkeit des Frühlings
Vorboten der Dürre

Bäume verbiegen sich im Sturm

Hitze führt zu Trockenheit
Überschwemmungen durch ansteigende
Flüsse

Wassermassen bewegen sich in Richtung
der Schmelzpole

Alles Leben ist Folter

Sturm

Der Sturm kommt

Starker Regen zerbricht das Glas

Blitze und Donner jagen einander die ganze Nacht hindurch.

Starker Regen verschmutzt die Forststraße. Im Vorgarten fällt Hagel in der Größe von Vogeleiern

Hole dir schnell ein weiteres geschlossenes Haus.

Ein weiteres Auto wurde durch einen umstürzenden Baum schnell zerstört.

Dann kehrt Frieden ein.

Lediglich überquellende Bäche zeugen vom Unwetter

Machtmissbrauch neu

Ellbogenmentalität: Eine Frau mit vier Kindern im Auto, die einen Fahrfehler macht und sofort von ein paar

Machomännern in BMWs und Mercedes an
gehupt und unsanft gedemütigt wird.
Gewalt kommt von Männern

Gewalt gegen Kinder

Gewalt aufgrund körperlicher
Überlegenheit

Und in der Folge kommt es zu Missbrauch:
Auch wenn die Arbeit an Kindern nicht
akzeptabel ist, entscheiden sich Menschen
dafür, Kinder arbeiten zu lassen

Theater

Du spielst dich selbst vor der Bühne

(Ohne deine Teamkollegen herabzusetzen)
Nimm den Bogen

Erwidere den Applaus

Der Wettbewerb kündigt deine Rückkehr an
Spiele, auch wenn es dir schlecht geht

Du schlüpfst in die Maske, während du dich
deinen Träumen näherst

Affenliebe

Die Familie Panzer hält durch und kämpft
bis zum Tod

Dies ist schädlich für das Kind;

Auch primitiv

Das sind ungeschickte Ablenkungsversuche
Das ist eine unhöfliche Sprache

Diese überstürzten Aktionen

Diese egoistische Sichtweise

Das ist keine Liebe (auch nicht aus religiösen
Gründen)

Es ist einfach dumm

Planung

Meine Kunst ist Konstruktivismus

Eine konkrete Bestellung ist erforderlich
(Obwohl Ruhe und Ordnung keine Priorität
haben)

Die Bewerbung wird durch Brainstorming
ermittelt.

Dann ist es Zeit für die Ausführung

Am Ende kommt es auf die Planung an

(Hier verbringt man die meiste Zeit)

Die Anwendung zeichnet sich durch
Skizzenhaftigkeit aus

Anschließend erfolgen die Prüfung und
Korrektur

Meine Kunst...

Hochzeitskarussell

Der Lebenszyklus beginnt mit der Geburt
und endet mit dem Alter

Wenn ich den Hochzeitsbrunnen betrachte,
denke ich an Feierlichkeiten

Und alles in mir ist in Bewegung

Symbole kommen mir in den Sinn: Ziege,
Schoßhund

Und der Kreis schließt sich: Mit der Geburt,
mit Alter und Jugend, mit Alter, mit Jugend
und Geburt, mit Jugend, mit Geburt und
Alter...

Ehekarussell neu

Du hast einen Job

Nach der Liebesaffäre:

Schreie eines Neulings

Und immer Kompromisse eingehen

Auf die Erfahrung kommt es an

Und Vertrauen entsteht

Und der Frieden kehrt nach Hause zurück
Ein enormes Maß an Freiheit für dich und
die Liebsten

Hochzeitskarussell II

Wenn der erste Zahn erscheint, ist er kaum
da

Dann dauert es nicht mehr lange bis zur Pubertät

Und es kommt zur Trennung vom Elternhaus: Die Entwicklung ist nicht aufzuhalten

Von Generation zu Generation wechseln sich fette und magere Jahre ab

Zum ersten Mal verbringt es seinen Urlaub mit seinen Freunden und nicht mit seiner Familie.

Das Karussell dreht sich weiter

Geburtstag

Begrüßung

Du verdienst es

Warum die Bedenken?

Lebe ohne Sorgen

Wünsche begleiten dich

Der Wert einer Sache kann nicht an ihrem
materiellen Wert gemessen werden

So kannst du die Geschenke genießen: Hole
dir noch heute das größte Stück vom
Kuchen

Es ist schließlich deine Party

Und deine Freunde freuen sich für dich
Schau in die Zukunft und grüß sie von mir

Bettnässen

Es war mir peinlich

Ich kann die Beleidigungen nicht vergessen
Die Einsamkeit zehrt an meinen Kräften

Ich spüre die Traurigkeit bis in meinen
großen Zeh

Ich möchte kämpfen und gewinnen an Kraft

Stattdessen: der Entzug der Liebe

Meine Unterlegenheit ist grenzenlos

Ich kann mich nicht wehren und mit
Hilferufen antworten

Ich bin immer noch überwältigt

Mein Wissen nimmt zu und meine
Erfahrung

Ich lerne und gewinne Selbstvertrauen

Genius

Obwohl es Ablenkungen geben kann, sind
Selbstzweifel kaum zu überwinden

Es besteht eine große Sehnsucht und damit eine große Unzufriedenheit mit dem Leben. Du denkst, die meisten Menschen seien Arbeiter

Arbeit ist der Sinn des Lebens, du hast es erraten

Am Anfang denkt man, dass jeder, der sich für ein Genie hält, ein Idiot ist.

Ich denke, ständiges Tropfen würde den Stein aushöhlen.

Kein Herr fällt vom Himmel, spekulierst du Keinen Schmerz, keinen Gewinn weißt du als ein Ideal für dich: Die Suche nach dem Ideal bleibt

Perfekt fürs Leben: Perfektion

Sexualität

Früher hatte ich Mut

(Leider hat er mich verlassen)

Menschen brauchen Innovation und Vielfalt
(Das Leben ist langweilig und trostlos
genug)

Du bist für mich Charme und Abenteuer
Keine Spannung und keine Gefahr können
groß genug sein

Gut und schlecht

Freundlichkeit ist gut

Es ist gut zu geben

Es ist gut, jemanden zu vertreten

Es ist gut zu helfen

Gewalt ist schlecht

Im Luxus zu leben ist schlecht

Lügen ist schlecht

Betrug ist schlecht

Jeder weiß, was gut und was schlecht ist

Du solltest dich entscheiden

Loyalität

Tipps

Wecker

Vergnügen

Lebensentscheidung

Widerspruch

Anstreichen

Überzeugung

Fantastisch

Beschichtungen

Schwarz

Synagogen

Treuebruch

Schlag ihn

Moderne Kunst

Kunst sollte immer klar und prägnant sein
Wir wollen aufklären und radikal und
politisch verändern

Wir sind in den 1930er Jahren ansässig und planen daher nicht, in die Vergangenheit zu reisen

Wir wollen gefallen, wir wollen nicht alle Grenzen überschreiten

Unsere Kunst ist immer möglich

Bilder hängen unter der Decke

Nur modern unter der Decke

Dauerhaft auf dem Kaminsims

Effektiv und effizient

Gutes Material an der Wand

Unterliegt echter Kritik seitens der Besucher

Sich beeilen

Hass zeigt Charakterlosigkeit

Langeweile ist sein Freund

Liegt es an übermäßigem Tempo und
Stress?

NEIN!

Es kommt von Kriegstreibern

Slogans um Slogans schreien

Und alles ist militärisch

Leben

Höhen und Tiefen

Traurigkeit, Freude

Es kann schön sein

Frisch, Angst

Abgestanden, trostlos, leer

Kurz

Großzügigkeit

Den Verdienst teilen

Vom Brot beißen lassen

Gern den Armen geben

Niemandem Leid zufügen

Rede und Antwort stehen

Ein großes Herz haben

Seinen Feinden verzeihen

Und auch: Andere am Erfolg teilhaben
lassen

Katastrophen

Rosenkriege führen immer zum
Zusammenbruch

Erdrutsche führen in Täler – immer

Lawinen rollen Berge hinab – ständig
Unvorhergesehene Ereignisse führen zu
Schutt und Lehm

Setze dich einer Gefahr aus

Bauen

Der Mensch ist kreativ

Entwickeln und revitalisieren

Herzen fangen

Menschlicher Fortschritt

Die Menschheit vorantreiben

Wohltuend für die Menschheit sein

Menschen sind das Gegenteil von
destruktiv:

Sich positiv engagieren

Zu wenig zum Leben, zu viel zum Sterben

Wenn sie dich kaum loben, bekommst du
kein Geld

Ich bin pleite, wenn sie über fast alles Kritik
üben

Wenn man dadurch keine gute Arbeit
leisten kann, hat man kein Geld

Kein Geld für persönliches Vergnügen
Kunst, die kaum Aufmerksamkeit erregt,
kann man sich nicht leisten

Weil es dich interessiert, haben sie fast kein
Geld für dich

Wenn sie dich loben, dann nur, um dich zu
ermutigen, pleite zu gehen

Es gibt so wenige Orte zum Sterben

„Sie nehmen uns die Luft, damit wir nicht
atmen können", aber sie sterben selbst
trotzdem nicht

Der Individualismus ist auf dem Vormarsch
und stirbt immer noch nicht

Der große Mann verschwendet sein Geld
und hat zu viel

Der Kleine muss bluten und bekommt nicht
genug für das gute Leben

Wie finanzieren wir unseren Ruhestand
ohne Geld?

Weisheit

Kennt ihr das: Als eines Tages ein weiser
Mann kam ...

Im Gegensatz zu mir ist ein weiser Mann
niemals dumm

Macht keine zuckenden Bewegungen

Er hat graue Haare und Erfahrung

Im Gegensatz zu mir ist er großzügig,
zielstrebig und humorvoll.

Sanft und ruhig, fähig Freude zu empfinden,
das Leben zu genießen und vor allem zu
genießen

Kulte

Halbe Informationen verbreitend
Fanatismus schürend

Es führt zur Arbeitsunfähigkeit

Sie übersehen keine Gewalttat, die sie
ausüben können

Zerstören Familien

Sie kennen nur Gewalt, sie haben keinen
Respekt vor dem Leben

Sie bekommen ihr Geld von Leuten, die in
gutem Glauben handeln

Sie stellen eine Gefahr dar

Faule Ausrede

Kinder sind eifersüchtig, hassen, verzeihen,
vertrauen, zeigen Gefühle, erziehen kleinere
Kinder, übernehmen Verantwortung,
schenken Freude, lassen fünf eine gerade
Zahl sein, hängen faul ab, amüsieren sich
beim Tanz, singen, sind kleine Künstler,
malen

Erwachsene sind pünktlich?

Erwachsene sind zuverlässig?

Verzeichnis

Rollenspiele, Rollenspiele

Rollenverhalten wird dankbar angenommen
Schiebe deine eigenen Emotionen beiseite,
Emotionen sind schlecht

Konsistenz dankend angenommen

Klatsche nicht über Chefs, lästern ist
schlecht

Die Fürsorgepflicht muss erfüllt werden
Arbeiten mit Methoden
Eigenverantwortung fördern
Arbeitsfähigkeit erhalten

Offenes Ohr

Erlaube das Besondere – feiere es

Dumme Frau

Übermütige Männer

Egoismus bei Männern

Gier nach Freiheit

Geldgier bei Frauen

Vertrauensmissbrauch

Härte

Kontrolle für alle

Rapport

Ist es Sicherheitskonformität?

Harmonie ist Stille

Stille ist Harmonie; die Harmonie wird
stärker

Ist die Harmonie der Kräfte Harmonie?

Die Harmonie ist wunderschön

Beruhigt die Harmonie; das zu ändern, was
geändert werden muss, ist Harmonie

Das zu ändern, was geändert werden muss,
ist Anpassung; Harmonie bedeutet, das
Mögliche zuzulassen

Ist Harmonie ermüdend?

Compliance funktioniert nicht immer

Lüfter

Du böser Fan ruinierst alles

Du nimmst zu viel Platz ein

Du machst laute Geräusche

Schaukelst hin und her

Und es bringt immer noch eine gewisse
Erleichterung

Du kannst arbeiten, weil du cool bist

Aber man beruhigt sich einfach ein wenig,
und Hauptsache, man tut etwas: Schlimmer
noch, man tut nichts

Du bist im Süden häufiger anzutreffen als
hier und hängst von der Decke

Moderation darüber, worüber man
schreiben könnte

Zuerst Brainstorming – Freizeit

Dann das organisieren der Themen –
studieren

Dann finden der Hauptpunkte – Liebe

Dann beginnt das Thema – Leiden

Dann Präsentation – Eifersucht

Dann das Ergebnis – Hass

Labyrinth

Das moderne Labyrinth ist ein Mangel an
Selbstvertrauen

Ich habe sehr wenig Selbstvertrauen

Wir entschuldigen uns dafür, dass keine
Fehler gemacht wurden

Verwirrung des Selbstzweifels

Mehrstöckige Gebäude mit mehreren
Fluren sind alt

Neue Gespräche, die in Selbstvorwürfen
enden, sind modern

Es schnürt einem den Hals zu und man
verhält sich nicht anders, weil einem ein
Herzinfarkt bevorsteht.

Wenn es Druck auf den Magen oder Hals
ausübt

Engt es den Hals ein

Sexualität

Das darf man nicht verbieten

Manchmal zu zweit, manchmal alleine und
immer anders

Registrierung: Vertrauen

Anmeldung: Aperture

Rekord: Aufrichtigkeit

Sex mit deinem Partner

Qualifikation als Erzieher

Von der Unerfahrenheit junger Lehrer bis
hin zu unerfahrenen Eltern

Mütter und Väter waren zu dumm, zu jung,
zu unsensibel

Trunken von Macht, Besonnenheit und der Durchsetzung von Prinzipien unter Fachleuten

Werden von den Eltern als privilegiert angesehen und haben ein übertriebenes Selbstwertgefühl

Aber wir Profis reden nicht nur, wir handeln auch

Aber wir Profis trinken nicht nur Kaffee, wir helfen auch

Nicht jeder kann Eltern sein

Ich gehorche den Behörden

Du triffst keine eigenen Entscheidungen

Du hast keine eigene Meinung

Du stellst zu jeder Kleinigkeit Fragen

Du brauchst irgendeinen Unsinn, um Deine
Untätigkeit zu rechtfertigen

Andere müssen für dich auf den Tisch hauen
Andere müssen streng mit dir sein

Andere müssen für dich eintreten

Du schmeichelst dem, der an der Spitze
steht

Theaterschauspieler

Spielen sich während der Proben nicht
gegen die Wand

Der Regisseur will es wissen

Hintergründe als Hintergrund

Akt eins, zweiter, dritter

Begleitet vom Orchester

Spielen sie nicht das schlechteste Mitglied
gegen die Wand

Heben sie sich auf der Bühne ab

Jeder ist für den Erfolg verantwortlich

Die Schauspieler sind pünktlich und
zuverlässig

Gehen nach der Show nach Hause

Sie lieben ihr Publikum, ihr Publikum liebt
sie

Tiefer Gruß vor dem Schlussvorhang
Wettbewerb zwischen Spielern

Schläge unter die Gürtellinie

Mut

Halte dich an die Regeln

Drohungen nützen nichts

Und lass mich in Ruhe

Pass auf ihr Durcheinander auf

Oh Uschi, mach keinen Unsinn

Dummheit kennt keine Grenzen

Verachtung ist Misstrauen

Hohes Aggressionspotential durch schlechte
Karten

Eine Fehlinterpretation der Rechtsprechung
Du musst dich an keine Gesetze halten

Du musst keinen Abstand halten

Sie treten auf dem Wohlergehen der Kinder
herum

Sie verdienen Geld, ohne im Büro arbeiten
zu müssen

Es ist dir egal, ob es deiner Mutter gut geht
oder nicht

Dass es der Pflegemutter gut geht,
interessiert dich nicht

Wirtschaft

Soziale Arbeit ist wirkungslos

Wir leben mit uns in einer Familie

Sozialer Dienst ist Augenwischerei

Bei uns siegt das Gefühl

Soziale Arbeit ist destruktiv

Bei uns zahlt es sich aus.

Soziale Arbeit ist unrentabel

Es lohnt sich für uns

Gebrauchsanweisung

Man nehme ein Blatt Papier

Anschließend verschaffe man sich einen
Überblick

Eine Aufteilung der Themengebiete wird
vorgenommen

Und eine Skizze niedergeschrieben

Das Thema sei gut überlegt

Und mit Hilfe eines Brainstormings
verfeinert

Das Ganze lasse man einen Tag lang ruhen

Am nächsten Tag ist das neue Gedicht fertig

Küssen im Parlament

Auf der Tribüne gibt es Applaus:

Regierung und Opposition liegen sich
gegenseitig in den Armen

Putin gab seinem Bruder einen Kuss
Möglicherweise ist ein Zungenschnalzen zu
hören

Auch grüne Abgeordnete dürfen sich küssen
Schröder küsst Süßmuth

Es gibt keine anderen Ordner

Aber was ist es (?):

Ein Brustgreifer

Figaro lässt sich scheiden

Figaro hat einen Sohn

Figaros Sohn ist nicht schwul

Figaros Sohn will den Betrieb nicht
übernehmen

Figaro ist traurig

Figaro ist arm Figaros Sohn hatte einen
Unfall

Figaros Sohn ist Alkoholiker

Figaro starb vor Trauer

Die Geschichte einer kleinen Liebe

Die Welt war gegen sie

Sie konnten nicht zusammenkommen

Die Schwiegermutter war sehr wütend:

Ich bin ein großes, großes Mädchen In einer
großen, großen Welt

Es ist keine so große Sache

Wenn du mich verlässt

Zu viel zum Sterben, zu wenig zum Leben
Aber das Leben ging weiter

Sie wissen, dass sie das durchstehen können
Die Sonne folgt dem Regen

Ich habe mit dem Rauchen aufgehört

Ich entscheide

Ohne Einschränkungen kann es kein
würdiges Altern geben

Das ist richtig: Mit dem Alter kamen
Einschränkungen

Selbsterkenntnis: Ich kann niemanden
verletzen, der mir nichts getan hat

Und es geschah automatisch: Ich schwöre
laut auf die Formel und das Ergebnis ist
verloren

Schwarze Armee

Schwarze Sheriffs

Der Gardasee ist wunderschön

Sind die Menschen dort heute noch so?
Duce-Streitkräfte?

Wir sind weiße Engel

Wir Menschen können uns verändern

Wir kümmern uns darum

Die schwarze Armee kehrt nie zurück

Das Buch des Tänzers

Ich nehme das Buch der Tänze mit

Am Anfang war ein Buch

Wir gehen zum Anfang des Buches

Jeder möchte Recht haben:

Wir streiten uns auf dem Heimweg

Unsere Beziehung basiert nicht auf einem
Buch der Tänze

Wer führt, verführt

Wer nicht führt, kann nicht verführen
Keiner von uns kann gut tanzen

Gottlose Jugend

Es gibt keinen Anführer mehr

Keine verführten Menschen mehr

Wo war Gott?

War es in Ostdeutschland?

Gott hat die SS nicht daran gehindert, einen
Mord zu begehen

Gott ist nicht gekommen

Wenn Sie ein Kind im Land der Kaschuben
wären ...

So ein trauriges Gedicht an einem so
schönen Ort

Mord in der Mohrengasse

Ich möchte die Tür nicht öffnen

Ich will nicht reden

Ich will dich nicht, du Gesindel

Meine Figur ist dünn und krumm

Unter meinem Mülleimer liegt ein Teppich
Ich hasse Kinder

Die Schreie im Garten kommen mir zu laut
vor

Ich bevorzuge mehr den Marder im
Versteck

Als den Mann im Schornstein

Kind unserer Zeit

Ein Kind unserer Zeit hat Jeans an

Handy in der Tasche

Mittelklassewagen vor der Haustür

Turnschuhe an den Füßen

Ein enganliegendes Oberteil

Europa gleicht sich an

Die Jugend in Europa gleicht sich an

Ein Dorf ohne Männer

Ein Idealzustand

Kein Streit

Trotzdem

Nie wieder Krieg

Die älteren Frauen machen das Rennen

Nach dem Krieg

Es gibt keine Arbeitslosigkeit

Jeder Mann ist willkommen

Sag mir wo die Blumen sind

Die Unbekannte

Sie wird gefragt werden

Sie wird's tun

Sie wird so sein oder anders

Sie wird eine Freundin sein oder eine
Arbeitskollegin

Sie hat's schon einmal erlebt

Sie hat das das erste Mal erlebt

Sie ist sehr interessiert und normal

Sie hat einen riesengroßen Spaß

Glück ist eine heiße Waffe

Kaputte Werbebranche

Machtsymbol-Unsinn

Von kriegerischen Dichtern

Ich bevorzuge eine heiße Tracht Prügel

Ich bevorzuge echte Schriftsteller

Ich mag keinen Lufterfrischer für
Sportwagen

Ich werde alles alleine machen

Es ist nicht mehr lustig

Tschüss

Die Jugendhilfe ist vorbei

In unbeschwerter Zeit

Besonders eine Zeit ohne Schmerzen

Die Elternschaft geht zu Ende

Zeit für Forschung und Dringlichkeit

Die Freizeit nimmt ab

Es ist Zeit zu malen

Und die Südsonnenzeit existiert nicht mehr
oft

Wut

Mir geht es gut und ich habe Wut

Das Telefon ist nichts für mich

Es ist gut, dass niemand schreibt

Das Verfolgen von Gedanken schafft
Hindernisse

Trotz der Energie glaube ich es nie

Nach dem Mittagessen geht mir die Energie
aus

Ich zerfalle zu Staub, wenn ich daran denke,
im Urlaub zu arbeiten

Wenn ich an meinen Arbeitgeber denke,
verwandle ich mich in ein Warzenschwein

Als ob jemand direkt eifersüchtig sein
könnte

Tante: Ich weiß nicht, ob ich etwas weiß

Ich weiß nur, dass ich keine Rache brauche
Und ich weiß, dass ich völlig neue
Erfahrungen mache

Ich bin mir sicher, dass ich ein sorgenfreies
Leben führen kann

Und ich kann mich gut fühlen

Und es fühlt sich gut an

Und ich kann es beiseitelegen

Und ich kann damit umgehen

Komisches Gefühl

Kein Espresso nach dem Abendessen

Keine Brotstangen

Keine Hitze auf der Haut

Ein Bett ohne Bettwäsche

Kein Schwimmbad

Ich habe keinen Urlaub mehr und komm
nach Hause

Ich bin mir jetzt sicher

Ich habe drei erfolglose Versuche
unternommen

Führte zu erfolglosen Beziehungen

Ich habe mich in die Anzeigen verliebt

Ich habe den Flirt verpasst

Einem Geist nachgejagt

Ich möchte nicht aufgeben

Auch wenn es bedeutungslos ist

Es ist ein schönes Gefühl

Ich bin mir jetzt sicher

An einem gebrochenen Herzen sterben

Sie denken, die Zukunft wird die Lösung
bringen

Es besteht keine Notwendigkeit, mit der
Vergangenheit abzurechnen

Sie sollten sich Hilfe holen

Da ist ein Weg

Schauen Sie sich Ihre Kindheit an

Kinder können damit umgehen

Es gibt eine Zukunft

Kinder denken nicht viel über die
Vergangenheit nach

Kinder sind nicht so traurig

Ich will dich nicht

Kindheit

Frühere Verletzungen

Eine Persönlichkeit endet nie

Sprachbedürfnisse werden erfüllt

Ein erschreckendes Ende oder endloser
Horror, der irreversibel ist

Ende und Anfang

Wenn es Wohlstand gibt, besteht keine
Gefahr

Haut

Duft: rein

Und nicht nur durch Parfüm

Kommunizieren wir durch Umarmungen

Im Krankheitsfall: Betreuung

Und braun vom Urlaub ist sie...

Idiot

Gib es einmal zu: Du fühlst dich gut

Du hast keinen Stress

Dir ist alles um dich herum egal: Du bist ein
Meister darin, andere zu stressen

Du hast gelernt, dich schuldig zu fühlen
Immer seufzend, immer gestresst

Nur du bringst die schlechte Laune mit

Reise

Vorfreude auf das Ereignis

Ich werde pünktlich aufwachen

Wickeln

Wecker

Gedichtband

Heftpflaster nicht vergessen

Ansicht

Heimreise

Anwendung

Angst –

dann wieder Hoffnung

Unangenehme Ablehnung

Leben wurden zerstört

Die Freude, angenommen zu werden

Die Zukunft ist gesichert

Rede nicht zu wenig

Gestehe nicht zu viel

Mutters Geburtstag

Meine Mutter möchte Blumen

Etwas Selbstgemachtes ist besser

Meine Mutter hat alles gerettet
Weihnachtskrippe

Bemalte Holzplatte

Ich habe Eier bemalt

Meine Mutter feiert das Fest am liebsten
mit Grillwürstchen

Keine großen Geschenke

Tötungsverfahren

Es gibt keine Zukunft

Keinen Verdienst

Keine Unterstützung

Ellenbogen bei der Arbeit

Spitzenleistung

Sogar in der Schule

Menschen, die es wissen müssen

Lehrer, Erzieher

Überwältigt

Ungleiche Zukunftserwartungen

Umarmen

Achtung: Beide nach vorne strecken

Und jetzt geht es auf und ab, schneller und langsamer

Aneinander reiben

Macht dich das traurig?

Bitte fahre fort

Willkommen bei der Kuscheltherapie

Nicht immer, aber öfter

Verzeichnis

Es ist schwer, ein Anführer zu sein

Und anstrengend

Erfordert Konzentration

Und Vorbereitung

Lässt Chatboxen veraltet aussehen

Und es tut etwas gegen die Schurken

Das ist gute Arbeit

Und es bringt Erfolg

Lied des ewigen Bösewichts

Du Bösewicht, geh zum Angriff über!
Vorkehrungen triffst du

Das Gefühl der Macht genießt du

Sie spielen heute und sind sich Ihres Sieges
sicher

Sie warten nie darauf, entdeckt zu werden
Ahnungslos

Nicht wissend

Nicht erkannt

Riechst du gut mit deiner falschen Nase?

Sie geben Gas, wenn Sie andere stören
können

Ihr Ziel ist es, zu bremsen, während die
andere Person beschleunigt

Sie klatschen über Gott und die Welt

Du denkst immer an Geld

Weil du mit deiner Weisheit am Ende bist

Man findet immer schwächere Opfer

Weil du den heißen Liebhaber spielst

Du ahmst alle anderen Bösewichte nach

Dein Motto ist weglaufen, statt einen Job
und eine Beziehung zu haben

Es ist besser, sich in Drogen und Sucht zu
flüchten

Du machst dich mit den Nägeln an den
Füßen auf den Weg

Dann musst du keine Beziehungen pflegen
Und krumme Nasen riechen immer
Gleichgesinnte

Du lässt deine Frau im Dunkeln zu Hause

Du sagst deiner Mutter nie die Wahrheit
über sie

Denk daran, du bist ein ewiges Vorbild

Es kommt darauf an, wie sich deine Kinder
verhalten

Aber Einwände sind nutzlos

Wenn dir Unrecht passiert, bist du ein
hochexplosives Pulverfass

Weil du das Gefühl hast, dass du
Ungerechtigkeit nicht verhindern kannst

Du sagst der anderen Person immer, was sie
hören möchte

Wirf eine Bombe darauf und fertig

Weil du ein Jäger bist, wirst du von allen
gejagt

Schön, dass du noch einmal anrufst

Ich weiß einfach nicht, was los ist

Du enttäuschst mich

Du bist nicht an mir interessiert

Ich weiß nicht, was ich sagen soll

Ruf mich morgen noch einmal an, einen
Monat später, ein Jahr später

Du hast Arbeit zu erledigen

Andere beschweren sich über dich und mich

Ich spüre kein Kribbeln im Bauch

Grenzübergänge

Wie kann jemand unser Rechtssystem
akzeptieren?

War dieser Neurologe nicht an der
Sterbehilfe beteiligt?

War dieser Richter nicht der Ankläger des
Reichsgerichtshofs?

Es gibt nicht viele Menschen, die unsere
politische Ordnung ablehnen

Sie haben kein Zuhause

Sie sprechen drei Sprachen

Sie leben an der Grenze zur Tschechischen
Republik

Sie leben an der Grenze zu Franken

Sie arbeiten als Pädagoge

Sie arbeiten mit jungen Menschen

Sie arbeiten mit behinderten Menschen

Sie arbeiten als Hilfsarbeiter

Sie arbeiten im Baugewerbe

Sie arbeiten in einem fremden Umfeld

Sie arbeiten als Künstler

Du bist arbeitslos

Es sind Drachenflieger

Sie sind Körperkult-Fanatiker

Sie sind Rekordhalter

Kinder, die den höchsten Ast erklimmen
mussten

14-jährige Kinder sterben an Drogen
Menschen, die arbeiten, bis sie müde
werden

Eltern, die nur für Belohnungen arbeiten
Ältere Menschen durchsuchen Mülltonnen
nach Essen

Wir haben aus der deutsch-deutschen
Vergangenheit nichts gelernt

Kein Stacheldraht und keine Wachen mehr
Schmuggel wie immer

Weiß und Blau am Rand

Der natürliche Mensch lebt im Himalaya

So geht es auf dem Eselspfad weiter

Unbegrenzt

Hubert spielt Jazz

Marion geht nach Dänemark

Hubert holt lebenswichtige Vorräte

Ulrike isst Honig

Ralph reitet ein Pony

Liane fährt ihr Moped

Pascale übt Klavier

Wir alle singen, tanzen und schunkeln zu
Hubert

Vielen Dank

Vielen Dank für dieses neue Mobiltelefon
Vielen Dank für die Silberschmuck-Halskette
Vielen Dank für die Windelhose

Danke – oh Isabell dafür

Vielen Dank für die touristischen
Weltraumflüge

Vielen Dank für dieses Motorboot

Vielen Dank für die Marihuana-Superpfeife
Danke – oh Isabell dafür

(Wird nach dem Dankeslied gesungen)

Bewährt

Er kam von seiner Wohnungssuche zurück
(alle Kreise sind überfüllt)

Und findet im Hotel eine volle Toilette vor
Alle Liegestühle am hoteleigenen
Swimmingpool sind belegt.

Er möchte seine Freundin anrufen, aber alle
Leitungen sind besetzt

Er versuchte es dreimal, scheiterte aber
Endlich isst er ein Sandwich

Seine Zunge ist noch immer von der starken
Erkältung belegt

Das alles passiert zwischen zwei Gesprächen

Unfreundlich

Ehrenamtliches Engagement zählt nicht

Du wirst wie ein kompletter Idiot behandelt
Deine eigenen Gefühle zählen nicht

Beweg dich nach rechts, von den eigenen
Kollegen weg

Du zeigst, dass Du der Mittelpunkt der Welt
bist

Du zeigst die kalte Schulter

Transkriptionstext

Du bist zu herrisch für mich

Du denkst, andere sollten diesen Job
machen

Du redest also schlau

Teamarbeit ist nichts für dich

Weil du unter Druck kläglich versagst
Deshalb planst Du gerne

Und betrügst den Computer

Dir fehlt einfach die Identifikation mit dem
Projekt

Das Wichtigste ist Komfort

Überstunden mit möglichst viel Leerlaufzeit
Über einen Brief in der Post

So viele private Gespräche wie möglich
Erledige Hausarbeiten nach Möglichkeit im
Büro

Mache niemals zwei Dinge gleichzeitig
Keine geistige Anstrengung

Keine körperliche Belastung

Es ist sowieso immer das Beste, Nein zu
sagen

Zigeunerjunge

Du begehst versteckte Fouls

Du zerreißt die Familie

Du hältst dich nicht an die Regeln

Du warst so süß, als du klein warst

Du lebst ein extremes Leben

Und strebst nach Reichtum

Du gehst auf eine Reise

Du bist voller Zuversicht

Und ich mag dich immer noch

Strenge

Ihre Priorität war Ihr Frieden

(als du angefangen hast)

Ihnen wurde zu oft Gewalt angetan
Manchen genügte ein Blick

Für andere brauchten große Menschen
Unterstützung

Die Kleinen mussten angeleitet werden
Kinder brauchen das einfach

Kannst du mich hören, wenn ich schreie?
Unpopuläre Ernsthaftigkeit

Kommunikation

Kommunizieren ist besser als bestrafen

Das solltest du lernen Das muss man üben
Mit Kindern zu reden, bringt etwas

Bildung bedeutet, Kinder zum Sprechen zu
bringen

Weil Kinder sich der Kommunikation
widersetzen

Deshalb müssen Kinder zur Kommunikation
gezwungen werden

Denn du redest nicht mehr, du
kommunizierst

Merke es nicht

Ablehnung

Aus Willkür

Aus Zwang

Nochmals: Bewerbung

Widerspruch

Endlich: Bestätigung

Wegen der Beziehung

Wegen Werner

Hilfsplan

Falschen Daten

Falsche Namen

Falsche Zeit

Falscher Inhalt

Falscher Junge

Gefälschte Schlange

Es ist alles falsch

Süßes Lied

Ich denke an die Pubertät

Und bin jung

Und es ist frustrierend

Ich finde es heute wunderschön

Ich habe das süße Lied von damals in der
Disco gehört

Sie wird es später ablehnen

Immer besser werden religiöse Lieder

Katzenstreu

Jemand möchte eine Katze haben

Jemand möchte sich darum kümmern
Niemand will putzen

Niemand will zahlen

Jemand muss eingreifen

Jeder weiß alles besser

Jeder vermischt das Katzenstreu überall
Katzenklo, Katzenklo, ja das macht die Katze
glücklich

Deine Traurigkeit macht mich traurig

Ich kann es nicht erklären

In diesem Fall wäre es sinnlos zu reden

Das ist eigentlich die Pubertät

Es ist eine Phase

Es wird vergehen

Die Emotionen spielen verrückt

Dasselbe passierte meiner kleinen
Schwester

Ich bin immer für Sie da

Zecke

Durch Wald

Durch Büsche und Sträucher

Bei Hitze und Feuchtigkeit

Strich ich

Der Biss

Traf mich

In diesem Jahr

Gleich dreimal

Durch Feuer

Ging ich

Mein Onkel starb am Biss

Meine Familie

Hat es nicht verwunden

Lampenfieber

Du stehst da wie ein Wasserpudel

Du willst weglaufen

Der Mensch fühlt sich schlecht

Oh mein Gott, das kannst du nicht tun

Es läuft schief

Und es dauert ewig

Wie wird es angenommen?

Technologie

Du hast Geduld

Oder keine Hilfe

Oder nicht

Du wirst böse

Oder bist nicht böse

Es klappt

Oder es funktioniert nicht

Berühmte Zitate berühmter Männer

Auf dem Zigarettenpapier

Rauchen ist schädlich

Das Zitat von Aristoteles beweist dies

Die jungen Menschen waren früher nicht
besser als heute

Antike, Mittelalter, Neuzeit

Alles ist Gift, Menge allein macht etwas
nicht giftig

Die Worte berühmter Männer sind oft lehrreich

Sie werden auch oft missverstanden

Den Worten müssen Taten folgen

Den Worten folgen die Taten berühmter Männer

Feinde

Ohne Gewalt geht es nicht

Alle Warnungen hatten keine Wirkung, die Würfel sind gefallen

Du bist stur

Aus diesem Grund

Es ist besser zu töten, als getötet zu werden
Es ist besser zu treffen, als erschossen zu werden

Töte den Feind

Unbekannt

Urvertrauen

Du glaubst mit geschlossenen Augen an
mich

Meine Augen sind offen

Meine Kindheit war großartig

Deine Kindheit war großartig

Ohne Moos geht nichts

Ich bringe dich über das Moos

Warum habe *ich* kein Moos?

Entspannungsübungen

Jeder macht seine eigene Übung

Bevor er Nacktfotos macht vor dem Sex

Vor dem Sport

Nach einer sportlichen Betätigung folgt
entspannter Sport

Gelegenheitssex später

Bevor es zu kurzweilig wird

Ohne Verletzung

Arroganz

Machtkämpfe

Zwischen mir und den Kindern

Intrigen

Elternteil

Seitenrollen

Vom Jugendsozialamt

Lüge

Diebstähle unter Jugendlichen nehmen zu
Telefonterror

Pattys Antworten sind kein Tabu mehr

Es werden bohrende Fragen gestellt

Der andere geht trotzdem

Ich kann nein sagen

Gegen Kulte und Satanismus

Auf Konzerte oder zur Schule zu gehen
schadet mir nicht

Wenn es auch keine Einladung gibt

Und ich muss nicht in die Kirche gehen

Betteln zerstört den Charakter

Meine Kinder betteln nicht

Sie mussten stehlen Sie hatten nichts zu essen

Und so haben sie ihr Geld verdient

Sie hatten kein schlechtes Gewissen dabei
Sie haben uns bestohlen, ihre Familien

Sie haben mit der Zeit gelernt

Sie malen heute

Und damit verdienen sie ihr Geld

Es ist richtig, etwas falsch zu machen

Ich tue, was menschenmöglich ist

Das falsche tun kommt vor

Lebe wild und gefährlich

Oder war es sicher?

Vielleicht muss es weniger sein

Es wird niemals aufhören

Weil ich Recht hatte

Du bist das größte Geschenk

Ich werde daraus Poesie machen

Weil es mir Spaß macht, geheime Dinge wie
das Tagebuchschreiben zu tun

Schnecken wandern im Kreis

Sie kriechen in Schneckentempo

Schnecken bewegen sich nicht schnell
genug

Langsamer als eine österreichische
Schnecke

Sie verlassen langsam das Haus

Sie wandern langsam im Kreis

Dein Leben läuft wie eine Schnecke

Dein Leben im Schneckenhaus

Dein Leben als Schnecke

Wann findet der nächste Krieg statt?

Gibt es gute und schlechte Kriege?

Verbale Gewalt ist genauso schlimm
Genauso wie Gewalt gegen Minderheiten…
Befinden wir uns im Krieg?

Wann erfolgt der nächste Angriff?

Oder werden wir von der Gewalt abrücken?
Und treten wir zurück

Wir sind der Himmel über Berlin

Petra rasiert sich heimlich

Petra lässt nichts anbrennen

Sie tauscht mit Paula den Freund

Bis Paul mit Knöpfen an den Brustwarzen
kommt

Sie hat trotzdem mit ihm geschlafen, weil er
von Paula gelernt hat, die in Sachen Liebe
sehr erfahren war

Und an den Schamlippen beringt ist

Verrückte Leute auf dem Podium

Schlechte Spieler auf dem Podium

Der Mensch lebt in der Vergangenheit

Ein anderer glaubt, etwas über Technik zu
wissen

Der Dritte hält sich für talentiert

Der vierte ruiniert das Stück

Fünfter greift ein

Die sechste Person glaubt, der Autor zu sein
Hundert Mal ein neuer Text

Der Name des Cafés ist Express

Täglicher Kampf um die Tageszeitung im
Café Express

Großer Gastwirt redet, während er eine
Tasse Espresso trinkt

Über den guten Namen und das kulturelle
Angebot

Über den Streit zwischen den Eigentümern
Und der Tisch der Zerbrochenen

Während ich den Termin der nächsten
Ausstellung in den zerrissenen Kalender
schreibe

Papa wirft mit Gläsern

Es regnet

Straßenbahn fährt in der Nähe vorbei

Nebel verbirgt den Schmutz der Fabrik
Junge klettert auf Bücherregal

Der Nachbar stößt gegen die Wand

Papa hat sich mit einem Rasiermesser
geschnitten

Mutter kommt um vier Uhr vom Tanz nach
Hause

In der Ecke schreit ein Kind

Andreas liebt das Leben

Dinner für zwei

Ungarische Salami ist köstlich

Er liebt Lachsbrötchen

Kaviar ist von bester Qualität

Hat er schon einmal Vogelnester
ausprobiert?

Andreas raucht eine Zigarre

Er trinkt seinen dritten Tresterlikör

In der Liebe läuft es nicht gut

Ein ernstes Gespräch im Ferienhaus

Zigaretten sind nicht erlaubt

Es gibt keinen Alkohol

Der Fernseher läuft nicht zu lange

Den Fluss meidet ihr

Ebenso den Steinbruch

Aufstehen, denn heute gehen wir ins Bad

Wir müssen wieder einmal duschen

Und, bitte, führt euch im Hallenbad nicht so
auf

Überraschung im Ferienhaus

Bettenzuteilung noch nicht korrekt

Fühlt sich immer noch wie eine Familie an
Es gibt keinen großen Widerstand

Alle helfen gemeinsam mit

Der Mittlere arbeitet mit uns

Der Große umarmt die anderen

Die Ältesten freiwillig decken den Tisch

Es kommt einfach vor, dass sich jemand
manchmal dumm verhält

Seltsame Teenager-Mädchen

Veranstalten nachts eine geheime Party
Auch wenn das Rauchen verboten ist

Klatschen über die Pubertät und sind selbst
pubertär

Alles, was „brennend" und „ekelhaft" ist,
wird mit kichern und lästern beantwortet
Den Papa und seine Ratschläge in den Wind
schießend

Stundenlang mit der Schwester und dem
Bruder chatten

Ein zum Tode verurteilter Häftling wird
wieder lebendig

Ich erwecke die Toten durch Sprechen
Moderation erwärmt ihr Herz

Sie glauben, dass sie in Sicherheit sind,
indem sie ihre Eltern beruhigen

Sie leben von sportlichen Erfolgen

Sie gewinnen Hoffnung durch Erfolg im
Leben

Erfolg in der Schule stärkt das
Selbstvertrauen

Ihre Lebensqualität verbessert sich durch
mehr Unabhängigkeit und
Eigenverantwortung.

Wieder aufnehmen

Krankenhausaufenthalt – kurz

Primitive Angst entwickelte sich – früh
Schwach – immer

Enttäuschung für meinen Vater – damals
Trennung von der Mutter – bald

Missbrauch – früh

Der Kampf um Anerkennung – immer

Zu dieser Zeit war er eher bei den
Verwandten als bei den Eltern bekannt

Oh, wenn ich so gut wäre wie Morgenstern

Wenn ich wie Eugen Roth wäre

Poesie und Humor

Der Giacometti des Schreibens sein

Ich kann nur hoffen

Warum bin ich mir selbst gegenüber so
misstrauisch?

(aber, war es Giacometti nicht auch?)
Formulieren wie Morgenstern

Oder zumindest wie Wilhelm Busch

Sehr lustig und witzig sein

Wieder aufnehmen

Der heutige Tag ist für mich unbeschreiblich
Zahlreiche Ausstellungen

Die Lebensqualität steigt rasant

Schnell wuchs ein großer Freundeskreis

Ich konnte kommunizieren

Schade, dass den Ausstellungen so wenig
Zeit gewidmet wird.

Ich kann mir mein Leben ohne tägliche
Aktivitäten nicht mehr vorstellen

Es war alles nur ein Zufall

Geburtstag

Mit einem Geburtstagslied aufwachen – ist
das nicht schön?

Die Lieben haben sich um mich versammelt
Eine herzliche Umarmung

„Du kannst heute nichts machen"
Morgensex vertreibt Traurigkeit und Sorgen
Schinken und Käse zum Frühstück

Jede Menge Geschenke

Und noch ein Geburtstagslied – das zweite
an diesem Tag

Nimm nichts mit

Meine Kleidung auf dem Bügelbrett – nimm
nichts mit

Mein Handtuch – nimm nichts mit

Mein Haargel – nimm nichts mit

Socken im Badezimmerschrank – nichts mitnehmen

Mein Postfach – ist meine Post für dich interessant?

Mein Telefon ist immer besetzt

Mein Auto – Besorgungen muss ich zu Fuß erledigen

Mein TV-Programm – kann ich das auch anschauen?

Schaffung

Dieses Gedicht hat mich inspiriert;

Das ist eine Schöpfungsgeschichte

Wenn ich Kraft gewinne, findet auch eine
kreative Aktion in mir statt.

Die Herstellung von Papier (wirklich
handgefertigt) ist eine
Schöpfungsgeschichte

Benutze die Schöpfkelle oder Schöpflöffel
auch zum Schöpfen der Suppe zum
Mittagessen

Mit Gummistiefeln Wasser zu schöpfen ist
eine gruselige Schöpfungsgeschichte

Hole auch Wasser aus dem vollen Keller
heraus

Ansonsten kenne ich keine andere
Schöpfungsgeschichte.

Bezahle dafür

Den Preis dafür musste ich in meiner
Kindheit zahlen, indem ich meine Unschuld
verlor

Die Leute haben sich über mich lustig
gemacht

Ich habe nie etwas umsonst bekommen
Zurückgehen hat mir auch nicht geholfen

Es gab ein Ungleichgewicht zwischen den
Geschlechtern

Also habe ich beschlossen: Lieber tue ich
nichts, als den Preis zu zahlen

Mein Motto war schon in jungen Jahren, es
zu vermeiden

Ich komme heute besser damit zurecht

Lehrer

Früher gab es eine Aufgabenteilung

Heute wird diese Ansicht nicht mehr
verwendet

Die heutigen Anstrengungen in dieser
Hinsicht sind am falschen Platz.

Es gab alte Schachteln

Heutzutage gibt es beliebte Lehrer

Es war notwendig, in der Vergangenheit
geliehene Dinge zurückzugeben

Allein der Lehrerberuf ist heutzutage
ermüdend.

Wir lernen ständig von Lehrern

Veränderung in der Welt

Die Zahl der Verrückten nimmt zu

Was wäre, wenn Fanatiker die Welt
regieren würden?

Kirche und Staat sind auf dem rechten Auge
blind

Verrückte Menschen werden eher gefangen
als gemieden

Das ist der falsche Weg

Seien wir nicht so akribisch, sonst wiegen
wir uns in Sicherheit

Lustiges Erlebnis

Emotionale Momente mit Kindern
Besonders zu den Essenszeiten

Viele Anekdoten von Kindern

Vor allem Inkompetenz

Vor allem, wenn Markus „Schwein" sagt.
Unsere kleinen Künstler

Sicherlich

Glaubst du mir oder nicht?

Einheit

Die Regeln liegen bei mir, das System sagt
etwas anderes

Acht Teilchen bilden eine Einheit

Auf keinen Fall sollte es weniger sein

Du musst es definitiv nicht mehr sehen

Die Regel basiert auf der Trägheit

Die Regel basiert auf lebenslangen
Aufzeichnungen

Die Regel, die bei der Einheit beginnt und
beim Ganzen endet

Klarstellende Regel

Reiseerfahrung

Wieder einmal befand ich mich in
Bewegung

Mit meinem Rucksack auf der Straße in
Hamburg

"Wo gehst du hin"

In einem Lebensmittelgeschäft in Göteborg
„Wer viel reist, kann viel erleben"
Bekanntschaften in Bergen, Geilo und
Kopenhagen wurde aufgenommen

Wir saßen mit Freunden in einem Café in
Hermagor

Gewonnene Erfahrung

Entzug

Ich denke die ganze Zeit darüber nach

Ich würde direkt in mein Zimmer gehen
danach

Ich zähle die Tage, Wochen, Monate und
mein Guthaben

Ich muss mein Geld immer bei mir haben,
sonst halte ich es nicht aus.

Ich bin sehr unruhig

Dann streite ich mit allen

Ich habe heute zum ersten Mal nach einem
Ersatz gesucht

Aufmerksamkeit

Wenn ihr das Echo tolerieren könnt, dann schlagt

Es ist unterhalb der Gürtellinie

Wenn ihr mir ein paar Mal ins Gesicht schlagen wollen, na bitte, aber macht meine Frau nicht an

Sie ist meiner Frau.

Ich dusche jeden Tag kalt und mache Dehnübungen – seid vorsichtig

Der klügere Mann gibt nicht auf; Deshalb antworte ich

Ich beiße – also seid nicht zu übermütig

Ich kann etwas tun; Deshalb bin ich besonders gefährlich

Seid vorsichtig, wenn ihr so redet!

Verwirrung

Es entstehen Ängste: Funktioniert der
Ersatz?

Ich hoffe, gute Leute zu finden

Gott sei Dank ist noch ein harter Kern übrig
Beziehungen enden und neue entstehen
Wir konzentrieren uns auf etwas Neues

Es finden Abschiedspartys statt

Wir sind traurig, weil die Dinge zu Ende
gehen

Ein neues Team wird gebildet

Eine Erinnerung

Dein Team beeinflusst dein Handeln

Du warst frei von Traditionen

Du warst freier als ich

Du warst weiter als ich

Andere haben darüber gesprochen, wir haben es geschafft

Nur mit Dir war das möglich

Du hast diesen Orgasmus alleine erlebt

Wie bist du rausgekommen?

Einbruch

Also hat mir niemand vertraut

Und niemand hat mich reingelassen

Ein Sprung nach vorne war undenkbar

Ich habe es alleine gemacht

Wie kann ich? In der Badewanne mit
Schlaftabletten?

Den Wolfsbarsch zu imitieren ist ganz
normal

Der gute Wille kam vor dem Diebstahl

Der Einbruch, bevor Vertrauen entsteht

Sigi Zimmerschied

Anonym in Regensburg am Nebentisch
Glatze (wahrscheinlich für den nächsten
Film)

Umgeben von Frauen

Spannend

Nicht hinsehen (nur unauffällig)

Sigi Zimmerschied

Schlechte Nacht

Nachts wach liegen und warten

Endlose sinnlose Auseinandersetzungen mit
einer kranken Person

Eine betrunkene Frau, die dir den Schlaf
raubt

Nach der Trennung bin ich jede Nacht um
vier aufgewacht

Wohngewitter in der Nacht über mir

Wir schliefen zu zweit in einem sehr
schmalen Bett

Atmete beim Schlafen in Amsterdam
schlechte Luft ein

Nachts schliefen wir im Schlafsack auf einer
Bank am Bahnhof Friedrichshafen.

Guter Onkel

Für jeden Geburtstag ein Paket

Ich bin dankbar für das Geschenk – ich bin
wütend über den Brief

Rufe zum Geburtstag meines Onkels an
Dankesbrief zurück

Küsse von der Frau des Onkels

In autoritärer und nationalsozialistischer
Manier

Kein guter Neffe bin ich

„Bei einer Familienfeier hat er sich
danebenbenommen"

Es ist schrecklich, wenn du von deinem
Onkel nach Hause gehst.

Hamburg

Cats

Hafenstraße

Traumziel

Tor zur Welt

Hanse

Bahn

Schiffe

Dogs (Docks)

Verdächtige Texte

Ich habe Zweifel, während ich schreibe

Die letzte Studie war vielleicht zu nachlässig
Vielleicht war der letzte Teil zu vorsichtig
Heute schreibe ich aus Angst.

Ich werde morgen voller Wut schreiben
Texte, die Kinder nicht lesen dürfen

Texte, die niemand lesen sollte

Was ist eigentlich besorgniserregend?

Kohlen

Keller voller Kohle

Öfen werden mit Kohle betrieben

Kohle ist ein Ausdruck von Geld
Kohletabletten sind staubige Kohlestücke
Mütter schreien wegen Kohlenstaub
Schwarze alte Männer mit schwarzen
Gesichtern und schwarzen Händen

Was ist eine Dampfmaschine? Heute eine dieselbetriebene Maschine?

Privatunterricht

Das Lernen ist in erster Linie auf Sympathie und Gegensympathie ausgerichtet

Da wurde uns klar, dass meine Mutter klug war

Dann hat sie die richtige Wahl getroffen
Noch heute sehe ich die Verzweiflung im Gesicht eines guten alten Mannes

Viel Leistung hat er für wenig Geld geliefert
Geduld, unendliche Geduld war seine Stärke
Und das Ergebnis – unglaublich

Kein Wunder: Ich verneige mich nach all den Jahren vor ihm

Happy End

Liebe Zuschauer!

Nächster Auftritt im Frühjahr

Wie passen November und Freude
zusammen?

Es gibt nichts Schwierigeres, als Menschen
zum Lachen zu bringen

Am Ende des Festivals präsentieren wir die
Auflagennachweise

Nichts hat ein Happy End (niemand lachte)
Der Humorist hofft auf bessere Zeiten

Smart-Home-Besitzer

Es kann brutal sein

Leider bist du bei der Wohnungsübergabe
allein

Entschuldige dich bloß nicht bei ihm.

Geld riecht nicht; denkt er bei sich

Seine Frau ist billig

Er ist ein fröhlicher Mensch

Lädt seine Mieter gezielt ein

Eine Feier, die alle zum Schweigen bringen
wird

Über das Erlebnis

Dennoch gilt nach wie vor der Grundsatz:
Wer vertraut, wird weniger getäuscht
Meistens wäre es besser, etwas zu
unternehmen

Du hast ein Gefühl und vertraust deinen
Gefühlen nicht

Dann liegt die Motivation in den Händen
des Teufels

Danach wird dir niemand mehr glauben
Dann fängst du von vorne an

Meistens weiß man, was los ist, und traut
sich nicht, etwas zu sagen

Gefängnisinsassen

Natürliche Bedingung

Natürlich sind sie unschuldig

Natürlich können sie den Fliegen nichts
anhaben

Sie sind gutmütig und perfekt

In langen Fluren

Das blecherne Geräusch von Türschlössern
In flachen Zellen

Mit grauer Kleidung

Polen

Du warst nie dein eigenes Land

Unter euch lebten mehrere Völker

Nicht der wilde Osten, der raue Osten

Du hattest starke Schmerzen

Du hast besonders viel Geschmack und
Können bewiesen

Liebe Freunde kommen von dort

Beliebtes Krakau

Ja Kumpel

Man nennt mich einen Arschlecker, einen
Narren, einen Charakterlosen und einen
Feigling

Ich bin ein unglücklicher Ja-Sager
Nachdenken und Ausflüchte haben noch
niemandem geschadet

Auch wenn wir versuchen, es allen recht zu
machen

Aber nicht radikal und konsequent genug

Vom Müssen

Ich müsste verbieten, bestrafen, eingreifen
Ich sollte streng sein, ich sollte präzise sein,
ich sollte mich mehr anstrengen

Ich hätte es überprüfen sollen

Ich habe keine Kraft

Männer ohne Frauen...

Leben kein erfülltes Leben

Lassen sich leicht ausnutzen

Werden alte Junggesellen

Werden verschroben

Werden gehänselt

Verkrampfen

Finden nichts

Sehen überall verliebte Pärchen

Genießen ihr Leben

Für wen die Glocke läutet

Heilende Hände

Siebter Sinn

Die meisten außer mir

Prophezeiungen

Anfrage

Zukunft

Unterhaltung

Bei mir klingelt die Uhr

Helden wie wir

Den Körper dehnen

Kalt duschen

Sich das Rauchen abgewöhnen

Vor leeren Leinwänden nicht
zurückschrecken

Unbeschriebenes weißes Papier bearbeiten

Sich den Globalisierungsgegnern
anschließen

Sich im Job verwirklichen

Echte Partnerschaft leben

Siesta

Ich kann es kaum erwarten, mir Zeit zu
nehmen

In Ruhe die Frühstückszeitung lesen können
Ich gehe einfach in der Sonne spazieren
Wieder lange schlafen können

Den Kindern mal wieder eine lange Pause
gönnen

Ich schlendere wieder zur Bar

Um wieder Siesta zu feiern

Organisiert ein Fest für mich

Provokationen

Vergiften die Atmosphäre

Permanenter Maulton

Provokatives Essen

Cooles Verhalten

Überlegenes Lächeln

Weitermachen, als ob nichts passiert wäre
„Wenn ich heute nicht komme, komme ich
morgen"

Lass dir nichts anhaben

Jungfrau in der Ehe

Zu früher Eintritt in die Pubertät
Verantwortungsbewusstsein stärken
Kontrolle ist unerlässlich

Sprecht deutlich

Erklärung erforderlich

Verantwortungsvolle Eltern

Kindern sollte Zeit gegeben werden

Eine Schwangerschaftswelle

Es kommt auf uns zu

Gipfelmitglied

Erlebe Natur pur

Wir trinken aus der Flut

Die falschen Schuhe nass machend

Bleiben auf dem richtigen Weg

Nicht durch die Büsche schleichend

Zurückgehen ist mutiger als Vorwärtsgehen
Wir kehren um, wenn die Gefahr zu groß ist
Bis zu den Knöcheln im Schnee versinkend
Erleben wir den lang ersehnten Gipfel

Ironie und Mitleid

Fragen zu stellen ist schmerzhaft

Ironie erzeugt Mitleid

Es ist schmerzhaft, dies zu unterstützen

Er nutzt es mit einem traurigen Gesicht aus
Abgebogene Mundwinkel tun weh

Das durch Ironie erzeugte Mitleid ist
abscheulich

Auf Dauer unerträglich

Passt nicht so gut zu uns

Schreit nach Gleichbehandlung

Nutzen Sie Niesen

Oder nennt man das Genießen?

Immer enttäuschend

Kinder können nicht genießen

Sie genießen nicht, sie fordern

Es kommt nie etwas zurück

Kinder profitieren

Wir niesen nie

Unser einziger Gewinn besteht darin, nicht
arbeitslos zu sein

Kein Wunder, dass es uns keinen Spaß
macht

Null Grad

Eisiger Steinboden, kaltes Bett

Gekühlte Wände, raues Klima

Eisiger Wind

Sehnsucht nach Frühling

Verliere nicht die Orientierung

Es ist besser umzukehren, als etwas zu
riskieren

Eisiger Wind

Panoramabilder

Verschwendung von Steuergeldern
Medienmogul Kirch

Sensualismus

Talkshow-Unsinn

Sägebrecht sagt: Die Gewährung von
Kleinkrediten ist nicht möglich

Kredite in Milliardenhöhe erleichtert

Das beste Programm sind immer noch
Panoramabilder

Auf und ab

Das Bett wurde nicht wieder gemacht
Rückkehr zu alten Verhaltensweisen
Kühlerschaden

Störrisches Kind

Rapport

Auto springt wieder an

Enge Beziehung

Ich kam gut gelaunt aus dem Urlaub zurück

Keine Ahnung

keine Inspiration

Keine Inspiration – nichts

Nur weißes Papier

Gönn dir eine kreative Pause

Es hat keinen Sinn, es zu versuchen

Die Qual nimmt zu

Es hat keinen Sinn, Dokumente
durchzuwühlen.

Also lebe weiter

Unsicherheit

Wird sie sich gegen mich wenden oder
werden wir ins Bett fallen?

Ich bin enttäuscht

Oder bleibt alles beim Alten?

Fragen über Fragen:

Es wird etwas Besseres entstehen
Funktioniert es oder ist es zu grausam?

Ich würde lieber etwas weglassen

Kaffeerauch

Alte Damen sitzen in Cafés wie Bernsteiner
Ohne Kaffee geht bei ihnen nichts

Für mich eine alternative Medizin

Für meine Mutter ist das eine besondere
Kaffeesorte

Für mich ein besonderer Duft

Für manche ist es Seminarkaffee.

Während der Seminarpause

Formell und informell

Sie leiden beide

Sie haben beide Macht

Beide Münder sind geöffnet

Beide kleben wie Kletten zusammen

Hoffnung

Keine Hoffnung – blockiert

Es tauchen Fallen auf

Die Dinge laufen schief

Die Beamten sind unzufrieden

Ein Land verkauft sich schlecht

Es wird nichts Gutes festgehalten

Niemand ist nett

Mop

Bin ich also ein Fußabtreter, der sich mit
den Federn anderer Leute schmückt?

Deine Erfolge sind nicht deine Erfolge
Wurde ich getäuscht?

Ich durchschaue dich jetzt!

Deine Inkompetenz wird offenbart

Dein bedeutungsloser Glaube geht mir auf
die Nerven

Ich lasse nicht zu, dass mir jemand meinen
Mut abkauft

Ich küsse nicht

Lektion gelernt

Durchsetzungsfähiges Verhalten – erlernt
Strahlen des Sieges – gelernt

Gib nicht auf – ich habe es gelernt

Taktiken entwickeln

Zeige keine Emotionen

Demonstriere männliches Verhalten

Ich sagte, ich hätte meine Lektion gelernt
Und das ist unverzeihlich

Ich benutze Kunst

...aus Angst vor Minderwertigkeit

...mit Reue ...vielleicht richtig oder falsch –
wer weiß?

...vielleicht ist es psychotisch

...vielleicht ist es neurotisch

...um uns zu sagen, wie sich die Welt dreht
...um mir zu sagen, wie sich die Welt dreht
...um dir zu sagen, wie sich die Welt dreht

Ich bin ein besserer Anführer

Hast du Erfahrung – ja

Verlegst du nicht oft Dinge – ich weiß, wo
ich sie finden kann

Kann man dir vertrauen – ich kann dich
führen

Wo war deine Durchsetzungskraft, als der
Anwalt anrief – ich lasse mich nicht
ansprechen

Du wirst den Papierkorb vergessen, selbst
wenn du es auf deinem Mobiltelefon
speicherst.

Du denkst, du musst alles alleine machen;
Ich werde die Arbeit teilen

Du wusstest nicht, was du von Kevin
erwarten solltest.

Ich habe pädagogische Instinkte.

Du wirst weiß, wenn du rauchst – da ist
mehr Charme in mir

Nur ein ähnlicher Maler

...beschäftigt mit dem Festival
...Lieblingsmaler von Kirchner und Brücke
...er hat etwas Ähnliches wie ich
geschrieben

...Ich habe wundervolle Bilder gezeichnet

...schrieb Gedichte

...lebte in Fürth

...entdeckt von Ursula

Malen fällt mir oft schwer

Angst vor fehlenden Intuitionen

Angst vor schlechter Technologie

Angst, nicht genug zu sein

Angst, von anderen nicht als gut genug
angesehen zu werden

Angst vor Zweifeln danach

Generell überwinden ist angesagt

Bemühung

Große weiße Bildschirme machen mir Angst

Schlampig

Bei der Arbeit kann man sich nicht richtig
beugen

Entging der Anstrengung

Zu viel im Rampenlicht gespielt

Ich habe Dinge selbstständig gemacht, ohne
andere zu fragen

Nicht sauber genug gemacht

Ich war mit anderen Dingen beschäftigt

Ich habe nicht genau zugehört

Der Reißverschluss der Hose war nicht
richtig geschlossen

Gefiltert

Dein Gesicht strahlt bläulich

Du trägst schwarze Kleidung

Dein Verhalten ist seifig

In einer feuchten und kalten Umgebung

Daneben steht ein Wäschestampfer

Früh trübe Lauge – lauwarm

Ohrenklappen

Irgendwann wird alles alt

Auch das wird eines Tages enden:

Es werden Ausdrücke verwendet, die ich
nicht verwenden würde

Wessen soziale Idee war das?

Interessant sind die Neuerungen:

Die Mittzwanziger lieben es

Teenager sind dafür zu jung

Ich finde es lustig

Zusammenbruch der Moral

Abstimmung

Die Wahl macht mich krank.

Ein leichter Geschmack im Mund

Bin aufgeregt

Ist dieser Entwurf besser oder dieser?
Könnte man es besser lesen?

Erreicht die Nachricht ihr Ziel?

Ist es so traurig?

Lesen die Leute das?

Sauwut

Der Honig in meinem Mohnbrötchen ist
wieder Ahornsirup

Eine schwarze Katze, die von links über die
Straße rennt, ist eine graue Katze von rechts
Mein Steakmesser ist stumpf

Soll ich die Ente oder den Haselnusszopf
nehmen?

Der falsche Hase ist immer noch eine Ente
Die Ente ist kein falsches Kaninchen,
sondern eine Zeitungsente

Die Kirche ist ein völliges Chaos

Manchmal werde ich wütend

Du denkst nur an dich selbst

Deine aktuelle Stimmung ist wichtig

Wenn du müde bist, muss ich auch müde sein

In den Urlaub darf ich keine Süßigkeiten mitnehmen

Bei den Bedürfnissen ist nicht alles so einfach

Oder habe ich nicht auch Bedürfnisse?

Oder habe ich auch keinen Job?

Oder habe ich nicht auch ein kleines Vermögen?

Lasst uns in Ruhe darüber reden

Die einzige Person, die mir außer meiner
Tochter am Herzen liegt, ist sie

Ich habe nichts gegen zu viel Nähe und zu
wenig Distanz

Ich schaue nicht genauer hin und ich will
auch nicht hinsehen

Ich definiere die Welt durch meine Ideen –
egal was passiert

Ich beschreibe mich selbst: Du siehst
großartig aus

Ich fühle mich wirklich gut

Lass die Medien in Ruhe: Stern und Spiegel
sind Sexisten

Auch wenn es Spaß macht, kann man das nicht ewig machen

Es ist langweilig, wenn man zu viel Freizeit hat

Sauna macht Spaß, aber irgendwann wird es langweilig

Zu viel Fernsehen – die Augen tun weh Gelegentliches Bar-Hopping, aber das macht die Freude aus

Die Arbeit mit Kindern macht Spaß, aber man braucht freie Wochenenden und Feiertage

Obwohl es Spaß macht, auswärts zu essen, wird es mit der Zeit zur Gewohnheit. Irgendwann gehen einem die Ideen zum Thema Sex aus

Und du machst immer das Gleiche

Nur Kunst macht ewig Spaß (man braucht kreative Pausen)

Gute Vorbereitung ist alles

Viele Menschen bereiten sich nicht richtig
vor

Alle Einrichtungen können besser sein,
wenn sie gut vorbereitet sind

Der alte Zustand muss wiederhergestellt
werden

Es ist heute leicht, betrogen zu werden
Wenn es um völlige Überlegenheit geht,
nützt auch eine gute Vorbereitung nichts
Mir ist aufgefallen, dass selbst der Chef sich
nicht vorbereitet

Mir wurde klar: Dank guter Vorbereitung
habe ich etwas Geld gespart

Ich weiß: Es gibt neue
Zubereitungsmethoden

Das Ganze ist mehr als die Summe seiner
Teile

Ideale gehören dem Volk – ohne Fanatismus
Ideale gehören dem Volk, kein Unsinn

Lasst uns Frieden schließen, ein bisschen
Wohlstand reicht nicht aus

Sie machen Ihres, wir machen unseres.
Veränderungen müssen nicht passieren,
aber sie können passieren.

Rationalisator rationalisiert Menschen

Ein Kind zu haben und ein Kind zu haben ist
nicht dasselbe

Du bist für mich wertvoller als eine kleine
Brust

Was wollen Kinder

Sie lieben den Küchendienst

Sie bringen gerne das Geschirr hinaus
Maximal zwei Stunden Zimmerreinigung
Vier Stunden lang Hausaufgaben zu machen
ist ein Kinderspiel

Sechs Stunden erzwungenes Wandern in
den Bergen sind eine Kleinigkeit

Mathe ist bei Mädchen beliebt

Sich waschen bei den Männern

Wie Sie sehen, ist das Malen mit Ölfarbe
ganz einfach!

Kladderadatsch

Nun rächt sich eine lange Anpassungsphase
Den Stapel zusammenzustellen ist
schwieriger denn je

Wir kämpfen zusammen

Wir kennen einander und unseren Groll
Während des Baus kam es nie zu Konflikten
Chaos nach Zusammenbruch, jetzt
Harmonie

Und das Murmeltier grüßt ewig

Wir kennen Kladderadatsch

Muttertag

Zuerst Verbeugung und Aufregung

Du willst ja kein Weichei sein

Das Geschenk ist zu klein für dich

Du hast etwas Besseres verdient

Du darfst bestimmen heute

Du wirst verwöhnt heute

Ein ungewöhnliches Ereignis findet statt

Eine Überraschung von den Kindern liegt
auf dem Tisch

Warum bist du traurig

Was soll als nächstes passieren?

Natürlich müssen wir die Studiengebühr
bezahlen

Aber ist es so viel?

Die Poesie war definitiv schlecht

Aber war das am Anfang nicht auch so?

Die Entwicklung erfolgt in Etappen

Das geht über Generationen weiter

Das höchste Niveau ist noch nicht erreicht
Das höchste Niveau wird auf jeden Fall
erreicht

Meine Gedichte sind heute definitiv besser
Es ist schon komisch, dass einem ein
Gedicht so lange nicht aus dem Kopf geht.

Unsere Kunst

Du bist einfach großartig

Alles, was damit verbunden ist, ist
überwältigend

Ich will mich heute, morgen und
übermorgen mit dir beschäftigen

In meiner Jungend, im Alter und bis zum
Tod sollst du im Mittelpunkt sein

Du sollst mein Leben bestimmen

Gib mir Nahrung für meinen Geist

Intuition lass mich nicht im Stich

Eingebung, lass die anderen nicht im Stich

Versuche mich nicht und lass mich nicht im
Stich, etwas anderes zu tun

Schenke mir das Bild, das ich verdiene

Unsere Kunst

Du bist einfach großartig

Alles, was dazugehört, ist überwältigend

Ich möchte mich heute, morgen und
übermorgen mit dir befassen

Du wirst in meiner Jugend, im Alter und bis
zu meinem Tod im Mittelpunkt der
Aufmerksamkeit stehen

Du solltest mein Leben kontrollieren

Gib mir Nahrung für meine Seele

Die Intuition lässt mich nicht im Stich
Inspiration, lass andere nicht im Stich
Provoziere mich nicht und unterlasse nichts
Gib mir das Bild, das ich verdiene

Familienschmerz

Ein Ärgernis

AS ist davon besessen

Die Kleinen jammern

Unerträgliche Spannung

Und ich mit meiner Sturheit

Ich sehne mich wieder nach Harmonie

Ich würde lieber die Reise beenden und
nach Hause gehen

Am nächsten Tag ist alles wieder ganz
anders

Herzkraft

Der wichtigste Moment des Morgens und
des Tages ist dein Freund

Für Singles: Wer Kaugummi in der Tasche
hat, hat vielleicht noch etwas zum Knabbern
dabei.

Sie sehen, die Herzkraft nimmt bei Männern
zu

Für Frauen ist die Situation die gleiche.
Kleine Geister leben nicht lange:

Leidenschaft, Herzrhythmusstörungen,
Herzkrankheiten

Das Motto ist natürlich Liebe

Ein großzügiger Mensch hat ein starkes Herz

Nashorn

Großwildjagd

Aggressiv wie Hemingway

Gewünscht männlich oder weiblich

Mit oder ohne Baby

Groß oder klein

In jedem Fall

Stiefel zu eng

Hingabe

Kunst fasziniert mich

Herzliche Umarmungen an den Bildschirm
Nach einer durchtanzten Nacht stolperten
wir nach Hause

Wir lebten nur von Rundfunk und Liebe
Essen und Trinken waren für uns unwichtig
geworden.

Ich bin erschöpft von der Sehnsucht nach
dir

Ich habe dir herzliche Liebesbriefe
geschrieben

Meine Kunst

Bofrost

Es ist das Zusammenspiel von allem:

Die Eltern werden nicht noch
inkompetenter

Kinder werden nicht dümmer

Den Lehrern geht es nicht schlechter
Wissenschaftsglaube auf den Fitschi-Inseln
Pisa Studien in Pisa

Trockenes Pulver wie Trockenfrost

Mobiltelefon

Klingeltöne – nie verfügbar

Geschlossen

Paradox – niemals erreichbar

Verschiedener Meinung sein

Das Einzige, was zählt:

Moderne Musik

Taschenrechner

Oh verflixter Taschenrechner

Die verwerkselst die Zahlen

Du rechnest viermal die Aufgabe verkehrt:

Meine Monatsstundenabrechnung ist
immer falsch

Manchmal vergisst du einfach das Komma
und es ergibt horrende Summen

Man kann mit dir Esel schreiben

7353

Ich bin (vielleicht) einer

Selbstwertgefühl

Gegen fremde Hilfe gesprochen

Hast du es alleine geschafft?

Die Zeit hat geholfen

Unsinn: Versuche es alleine

Ich suche nach einer besseren Lösung

Ohne, ohne, ohne, ohne Hilfe

Darauf muss man aufbauen.

Keller, Keller, Keller

Selbstwertgefühl

Vertrautes Summen

Potpourri

Der Zitronenfalter, der die Gruppe
Radfahrer überholt sagt:

Oh, tun mir die Augen weh, wenn ich die
Eintracht spielen seh

Dem Werwolf fehlt die Schreibmischane

Der Mops kreuzt die Zehlein

Herr von Ribbeck streicht den Gartenzaun

Ich lerne ihre Regeln, um sie zu brechen

Wer lacht hier, hat gelacht?

Vater komm erzähl vom Krieg:

Schweigen, schweigen, schweigen

Ein Mensch starb im Ernst

Werch ein Illtum

Der Wolf fraß das unartige Geißlein

Lügen haben kurze Beine

Niemandem kann man vertrauen und es
macht einen traurig

Jemand lügt mich ständig an

Es war immer eins

Jemand hat gegen die Regeln verstoßen

Es hat sich etabliert – kein Zweifel

Allerdings gehöre ich nicht zu denen mit
Moral-Keule

Verabschiede dich von Fehlverhalten
Vorgetäuschte Angst funktioniert nicht

Ans Bein pinkeln

Das macht mich immer traurig:

Ich arbeite 24 Stunden am Tag

Und immer noch kein Respekt

Verursacht bei mir Magendruck

Wenn jemand meine Arbeitsleistung
herabsetzt

Ich arbeite an einigen Dingen mit meinen
Gedichten

Sonst wüsste ich nicht, was ich tun würde

Warum haben die Menschen so wenig
Respekt voreinander?

Bereit

Ich kann kein Wort mehr richtig schreiben
Ich kann nicht mehr klar denken

Neue Wortideen sind aufgebraucht

Es pocht in meinem Kopf

Augendruck in meinem Gehirn

Übermäßig aufgeregt sein und sich über
jede Kleinigkeit beschweren

Ich starre wie ein Kaninchen auf den
Fernseher

Keinen Einfluss mehr auf die Fehlerquote
haben

Wutausbruch

Unnötig (kann nicht streng genug sein)
Reinigender Sturm

Reaktion und Gegenreaktion (man kann
nicht immer etwas sagen)

Tränen in deinen Augen (später mit
Erleichterung)

Tausende Stimmen vermischt

Man kann nicht immer eine positive
Stimmung haben

Tschechische Republik

Geruch nach Chlor und Bartoilette
Teilnehmer des Aktionsgipfels sind draußen
Überall unberührte Wälder

Bau Ost

Ölbier und Ökolandschaft

Genieße das günstige Essen

Günstiges Grundstück vor der eigenen
Haustür

Und ein Waldmünchen mit tschechischen
Restaurants

Es muss heute sein

Baden der Kinder oder ins Freibad gehen

Essen kaufen

Für Kinder sorgen

Ich koche für viele Menschen

Anziehen, Zähneputzen, Kuscheln für alle
Ersetzen der kaputten Dinge

Konsumkinder versus hart arbeitende Eltern
Ein Gedicht schreiben

Und das jeden Tag

Ewige Unwissenheit

Kalte Dusche

Parke nicht rückwärts

Benutzer von lufttrockenem Haar

Wer kein Haargel mag

Benutzer von Rasierseife

Champagner- und Kaviar-Sipper
Waschmaschine voll programmierte
Waschmaschine

Couch-Kollegen sind zu faul, um im Stehen
zu pinkeln

Mädchen

Nur wer sich verändert, bleibt für mich
verwandt

Wir wurden nicht berührt

Wir werden professionell

Wir werden auch bei anderen Eröffnungen
vor Ort sein

Wir werden weiterhin Museen besuchen
Vielleicht können wir tanzen, schauspielern
und formen

Wir schreiben uns gegenseitig unsere Ideen
auf

Wir werden gegenseitig an den Eröffnungen
teilnehmen

Wir werden die Bilder vergleichen

Ölfleck

Schneeweiße Jeans – ja,

Ölflecken

Neu gekaufte Bluse – und schon wieder
weggeworfen

Neu getragenes Hemd – schnell wechseln
Künstlerische Freiheit erlaubt Ölflecken,
ähnliche Bedingungen jedoch nicht
Wachspapier, ohne Ölflecken, kann
wiederverwendet werden

Kinder, Küche, Kirche

Ich kann genau sagen, welches Gedicht ich
wann geschrieben habe

Ich glaube an mich immer öfter

Ich wehre mich nicht dagegen.

Manchmal nehme das wissenschaftlich:
Meine Kunst ist ein Experiment

Wir wissen nicht, ob es erfolgreich sein wird
oder nicht

Ich habe kein schlechtes Gefühl mehr dabei

Und die Liebe endet nie

mein Auto

mein Haus

meine Yacht

Mein Familienbungalow

mein Partner

meine Tochter

Mein liebstes Pflegekind

meine Familie

Glaube Liebe Hoffnung

Es stimmt: Besser geht es nicht

Viele Dinge haben sich zum Besseren
verändert

Hoffnung: Klein

Liebe: Ich habe ein großes Herz

Glaube: Fast

Ich meine, man kann immer mehr lieben
Erfolg: Warum nicht?

Veränderungen geschehen sehr langsam

Schlaf, meine kleine Braut

Jeder soll sehen, dass wir
zusammengehören

Feiertage sind Flitterwochen

Du schläfst glücklich in meinen Armen

So romantisch bei Kerzenschein

Dann schlendern wir wieder voller Liebe
durch die Straßen

Wir feiern unsere Verlobung

Wir wechseln die Ringe

Jeder soll sehen, dass wir
zusammengehören

Hinweisen

Es muss Werbung geben, sonst würde ich
nicht treffen

Sei du selbst, auch bei der Werbung
Andernfalls wird es so interpretiert, als
würde jemand belästigt werden.

Es ist ein Verbrechen zu behaupten, dass
man kein Künstler ist

Aber wirf die Niedergeschlagenheit aus dem
Fenster

Werbe aggressiv

Die Wahrheit liegt bereits jenseits der
Werbung

Und die meiste Zeit möchte man die
Wahrheit nicht wissen

Wie sonst können Sie Ihr Projekt verkaufen?
Andere Menschen gehen freizügiger mit
diesem Problem um

Ein gesundes Selbstvertrauen ist das
Wichtigste

Wer nicht kämpft, hat schon verloren

Für alle meine Kinder:

Missachtet die Obrigkeit

Geht zur Polizei, wenn euch jemand schlägt

Stellt euch vor es gibt Krieg und ihr geht
nicht hin

Lasst euch nicht von Kriegstreibern
verführen

Macht es wie Achternbusch:

Besorgt euch einen Abrissführerschein

Ständig überfordert

Heute Nacht bin ich wieder um vier
aufgewacht

Dann schwitze ich

Müdigkeit vorher und nachher

Habe ständig Kopfschmerzen

Ihr Fahrer, ihr Idioten

Ihr erster Käufer von allem

Ich kümmere mich um andere

Wenn sie am Ende angelangt sind, können
sie fortfahren

Wenn *Sie* nicht fahren können, fahren Sie
weiter

Willkür der Behörden

Beim Ringsgwandl erhalten Sie ein Ticket
bzw. Parkticket

Mit Heimstrom: ein großes Drama
Mitarbeiter: Lemminge

Co-Anführer: Raubüberfälle

Bei mir: Akne im Gesicht

Unauffällig, unauffällig schleicht sich der
Bullterrier von Natur aus davon

Aktion zur Verteilung von Verkehrstickets

Männer

Männer interessieren sich für Fußball
Männer sind geborene Machos

Männer konzentrieren sich auf Leistung
Männer können das große Ganze nicht
sehen

Männer können nicht kochen

Männer haben Schwierigkeiten, mit ihren
Emotionen umzugehen

Männer gehen nie zum Arzt

Männer wissen nicht, wie man duscht

...

Vorurteile bezüglich der Emanzipation

Keine Zeit

Ich habe keine Zeit, Inspiration zu sammeln
Zur Verwirklichung meiner künstlerischen
Projekte

Zum Entspannen

Um die Uhrzeit zu überprüfen, um zu sehen,
wann der nächste Termin beginnt

Etwas in Ruhe tun

Um eine Aktivität abzuschließen

Gehe einkaufen

Um eine Anforderung zu erfüllen

Pflichtposten

Schade: Soziale Arbeit ist nicht halb so
befriedigend wie Kunst

Aber wenn ich künstlerisch etwas geschafft
habe, fühlt es sich gut an

Aber Kunst ist produktiv

Aber Kunst macht unbesiegbar

Aber meine Finger kribbeln, wenn ich
längere Zeit nicht male

Aber wenn ich längere Zeit nicht
geschrieben habe, geht es mir nicht gut
Aber Kunst fordert das Gehirn heraus

Aber Kunst ist großartig

Erweiterung des Bewusstseins

Aber Drogen sind Blödsinn

Aber Skirennen gefährden die Gesundheit
Aber Boxen macht dumm

Rede nicht schlau

Aber lass dich davon nicht bremsen

Mach etwas: Musik, Theater, Schreiben,
Malen

Aber vergiss deinen Körper nicht

(In einem gesunden Körper steckt ein
gesunder Geist)

Aber Denken regt das Gehirn an

Reife

Reife bedeutet auch, stecken zu bleiben
Reife bedeutet auch Inaktivität

Ich habe genug

Ich war faul

Mein Körper ist klebrig

Mein Geist ist vergoren und überreif

Meine Hände wollen nicht mehr
experimentieren

Bin einfach schön schläfrig

Sieg

Wir haben gewonnen, aber zu welchem
Preis?

Unser Sieg kostet neue Leben

Deshalb möchte keiner von uns feiern

Es ist noch nicht klar, wer gewonnen hat
Wo bleibt der öffentliche Protest?

Lassen wir die Bösen gewinnen
Gegenangriffe werden nacheinander
ausgeführt

Sie konnten fliehen, sind aber noch lange
nicht besiegt

Schlechtes Bild

Schlechtes Bild – oder gar die Augen zu

Oder gar mit verkniffenem Gesicht

Viel zu teuer, dafür viel zu schlecht
ausgebildet

Schnell, mit wenig Liebe, bekomme ich nur
einen Abzug

Einen schlecht ausgearbeiteten Abzug

Die besten Ideen gehen verloren

Die besten Skizzen sind noch nicht
geschrieben

Die besten Theaterstücke noch nicht
inszeniert

Die besten Objekte noch nicht modelliert

Die besten Bilder noch nicht gemalt

Verloren sind wir für immer

Handeln wir nicht gemeinsam

Wir haben keine Zeit Ideen zu verplempern

Wir haben keine Zeit, Zeit zu verlieren

Unersetzlich

Bedenke Mensch, du bist nicht unersetzlich

Im überflüssig machen liegt die Kraft

Die Arbeit, die kein anderer übernehmen
kann, ist falsch getan

Der Gegenstand, der nicht ersetzt werden
kann, ist falsch gekauft

Bewahre dich vor Sammelleidenschaft

Befreie dich von deinen Zwängen

Und trauere nicht dem Mammon nach

Bedenke Mensch, einzigartig bist du

Eine aus der Notwendigkeit geborene
Tugend

Sättigung und Völlerei behindern den
Prozess:

Schade, ich brauche einen Drachen zum
Arbeiten

Schade, Großes mache ich nur in
Krisenzeiten

Und in Krisenzeiten geht es mir immer
besser

Und ich werde heute in keine Fallen tappen
Und laut Erich Fried lauern überall Fallen
Und laut dem großen Dichter wurde ich
dazu gezwungen, und das ist gut so

Und ich setze den Prozess fort

Mir geht es langsam besser

Zu gewöhnlich, zu einfach strukturiert
Charaktere sind sehr unterentwickelt

Zu wenig gearbeitet, zu hart, zu wenig Mut
Die letzten Bilder sind die besten, das ist
immer so

Eine unermesslich größere Ressource, jetzt
zu beginnen

Und nach und nach gefällt es auch anderen
(kann nicht ohne Lob leben)

Bis auf ein paar Randdenker, die das nie
verstehen werden

Leute wie ich

Ich wurde wütend

Der Müll wurde am Morgen entfernt

Ich gehe schlafen: Schmutzige Handtücher
gewaschen

Zum Abendessen: Brot aus der Mülltonne
Zum Nachmittagskaffee: Gepflückte
Lebkuchenbrösel

Zur Kaffeepause: Ich bin bei den Bausteinen
hängengeblieben

Zum Frühstück: Müll entfernt

Zum Mittagessen: Pizzakartons geleert

Ich bin letzte Nacht aufgewacht und habe
an nichts gedacht

Ich wurde nur wütend

Schlechte Finger

Es gibt keinen jungen Mann, der nicht so tut
Die Angst vor dem Scheitern gehört zum
Leben wie Wasser zum Fisch

Wenn wir uns selbst betrügen, werden wir
nicht allein sein

Jeder von uns hat einen schlechten Finger
Leichen im hinteren Keller des Berges
begraben

Lassen Sie uns unsere eingemachten
Gefühle nicht leugnen

Lasst uns das Leben genießen

Schreiben wir Sätze wie Danke...

Wenn sie es nicht wollen, haben sie es
bereits

Wenn sie denken, ich meine es nicht ernst,
liegen Sie falsch:

Er braucht keine Unterstützung, darüber bin
ich froh

Er hat seine Freunde und mehr braucht er
nicht

Spaß haben

Etwas bauen

Er ist nicht traurig

Er muss sich nicht entschuldigen, wofür?

Hauptstadt

Es gibt keine Kapitalflucht, Geld kann nicht
entkommen

Im Gegenteil, kein Geld zu haben tut weh.
Und wer keins hat, kann auch keins haben
Viele Menschen glauben, dass es
unangemessen ist, Geld zu haben

Im Gegenteil, der Traum vom großen Geld
ist nicht beunruhigend

Und ich träume vom großen Geld

Aber in meinem Fall blieb mir leider nichts
anderes übrig.

Ich sehe zu, wie Leute von vorne bis hinten
Geld hineinstopfen.

Überreizt

Ich erinnere mich an die Prüfungssituation –
Augenzucken

Ich nehme in schwierigen Zeiten ab

Es fällt mir schwer, morgens aufzustehen
Mir fehlt immer der Frieden

Ich komme an den Punkt, an dem ich
abends nicht mehr weiterkomme

Generell fällt es mir schwer zu gehen

Heute kann ich nicht über die Dinge lachen,
über die ich immer lache

Heute werde ich sofort schreien

Ich brülle

Und brülle

Ich mag es nicht, unfrei zu sein

Ich fange an, es selbst auszuprobieren:

Ich werde mit dem Rauchen aufhören

Ich weiß nicht, ob ich das schaffe

Es ist eine Bitte meines Vaters – es ist schon
lange her

Meine Tochter hat jahrelang an mir
gearbeitet

Es ist also Zeit

Und der gesundheitliche Druck nimmt zu

Asthma usw.

Und es stört mich, da ich süchtig bin

Eure Kreativität ist unglaublich

Leute, die Struktur stimmt

Ich bin stolz auf euch

Ihr geht unvoreingenommen an das Thema
heran

Wenn ihr eure Disziplin entwickelt, werdet
Ihr unbesiegbar sein

Jasmin, Lisa, Nicola, entwickelt eure eigene
Initiative

Andre, Julia, seid entschlossen

Alexander, Dimi, ihr seid lustig

Helena, Markus, Jessica, Daniel, ihr habt
Ideen

Leute, ihr habt etwas zu sagen

Zusammen abzuhängen ist scheiße

Es muss schön sein, abzuhängen – ein
Märchen

Ich verspüre kein Verlangen mehr

Ich war so erleichtert, dass ich ins Koma fiel
Ich kann meine Geschwindigkeit nie
mithalten

Ich kann mich nicht ausruhen

Das muss ich in Zukunft nicht mehr haben
Mir wird schwindelig

Das tut meinen Beinen weh

Ich habe diesbezüglich wichtige
Erfahrungen gemacht

Vernissage

Aber auch Anerkennung

Stolz

Aufregung

Freude am Ereignis

Ich mache mich über mein Outfit lustig

Das ist müdes Halbwissen

Kritik an Bilderrahmen

Beulen unter der Gürtellinie

Frustriert

Bekannt sein

Halte deinen Mund

Ein Geschenk als Beleidigung kaufen
Gedankenlos sein

Ein Geschenk als Beleidigung verschenken
Keine Unterdrückung und kein Krieg mehr

Inkompetent

Schimmel an der Wand

Offensichtlich schlechte Baumaterialien
Kein gutes Werkzeug – so viel ist klar
Schlechter Strom

Schlechte Heizung

Überwältigt sein

Spannung

Es wurde nichts erreicht

Lass mich täuschen

Lass mich täuschen

Ist mir nichts in die Quere gekommen

Für mich ist es kein Einzelfall

Wieder einmal habe ich nicht gesagt, was
ich dachte

Ich habe nicht weiter gemalt

Ich wurde sehr oft schwer krank

Ich habe mehr als zwei Zigaretten geraucht

Wissen

Das ist das Seltsame am Wissen.

Wenn sie es wissen, wissen sie schon lange
nichts mehr

Es ist schade, wenn man nichts weiß

Mit Geld kann man kein Wissen kaufen
Aber Wissen ist Macht und Macht allein
macht dich nicht glücklich

Geld gibt dir Macht, aber Geld macht dich
auch nicht glücklich

Nur Wissen und Erfahrung verschaffen
einen Vorteil

Sie müssen das Wissen anwenden können

Künstler sind es gewohnt, ehrlich zu sein

Ich versuche einfach manchmal ein wenig
zu schummeln

Und ich laufe Gefahr, entdeckt zu werden
Und dann wird man schlecht behandelt

Ansonsten versuche ich immer, reinere
Kunst zu schaffen

Es nützt nichts; kontaminiertes Material
zerfällt

Es ist nicht möglich, gleichzeitig die
Wahrheit zu sagen und zu lügen.

Ehrlichkeit hat den längsten Schwanz
Warum lächelst du, macht es Spaß?

Meine Nase ist nicht sehr lang und daher
habe ich keinen langen Schwanz.

Deshalb lachen sie mich heute aus

Meine Mutter möchte Gedichte von mir

Vielen Dank für die Anerkennung

Nach Jahren endlich erkannt

Keine Intoleranz und kein Verständnis mehr
ist nicht schlecht

Endlich habe ich es verstanden

Andere nicht mehr herabwürdigen

Vielen Dank für den Respekt

Meine Mutter möchte Gedichte von mir
Und ich habe es zu Papier gebracht

Ruhig sein

Ich gebe dir Liebe in Stille

Antworte mir

Ich habe gelernt, vor dir zu schweigen

So wie Schweigen Gold ist, gibt es keinen
Platz für dumme Worte

Wenn Worte stören, wo sie nicht
hingehören

Ich sende dir meine Liebe, während wir
gemeinsam lesen.

Ich drücke dir meine Liebe aus, während wir
zusammen fernsehen

Ich gebe dir Liebe und ich spreche – du
schweigst

Sag niemals, dass du es nicht schaffst

Sag immer, dass du das nicht schaffst

Du kannst nichts tun, es ist deine Pflicht
Selten wird Gutes aus Liebe getan

Tue niemals die schwierigsten Dinge

Ich war so glücklich – sagt man, wenn die
Hoffnung verschwunden ist

Du warst glücklich, nicht wahr?

Es krähte der Hahn

Wachgeworden

Ankunft

Verpasst

Ein Jahr Zeit

Aufmerksam sein

Aufgewacht

Wieder angekommen

Noch einmal verpasst

Du redest Unsinn

Als Zahnpastatube

Als Zahnbürstenabdruck

Als Leitfaden

Als Toilettenpapierhalter

Als Tagesdecke

Als Fahrrad ganz offiziell

Als Roman

Verblasst

Schuhe zubinden ist harte Arbeit

Das Anziehen von Socken ist ohne Hilfe
nicht möglich

In jeder Zelle des Körpers steckt Energie
Haarbüschel fallen aus

Der Bierbauch breitet sich aus

Energie in jeder Zelle des Körpers

Druck auf den Ischiasnerv

Eine Sehnenverkürzung macht sich
bemerkbar

Energie

Original und Fälschung

Lass niemanden in Ihre Karten schauen

Lass dich nicht ausspionieren

Zähne zeigen

Widerstand leisten

Ich gehöre nie zu dir

Schriftsteller werden

Wir sind originell

Original und gefälscht

Lass niemanden auf deine Karten schauen.
Lass dich nicht ausspionieren.

Zeige deine Zähne.

Biete Widerstand.

Ich gehöre nie zu dir.

Sei ein Schriftsteller.

Wir sind originell

Ist es wichtig, beim Schreiben die Regeln zu befolgen?

Was ich mache, ist natürlich provokativ

Und fordert andere heraus

Aber das ist modern

Und es regt zum Umdenken an

Es gibt uns neue Hoffnung

Und ermutigt diejenigen, die Ähnliches produzieren

Es klingt besser

Gerade weil es für das Publikum ungewöhnlich war

Undankbarkeit

Undankbarkeit ist der Welt Lohn

Die Leistung ist gut

Auf jeden Fall ein toller Erfolg

Besser als die Bombe zu werfen

Kunst und Politik – kein Unterschied

Keiner von beiden kann die Natur retten
Künstler und Politiker tragen zur
Verbesserung bei

Aber die Leute wollen immer mehr

Aber die Menschen wollen Kinder haben

High Five

Grenzen

Grenzlinie

Leben

Diversität

Geschenkbereiche

Dimension

Besser sein

High Five

Ich bin krank vor Wut

Deine dummen Kommentare

Deine Ausreden

Deine falsche Logik

Aber auch Tränen statt Lachen

Du hast keine Antwort

Deine Oberflächlichkeit

Alle Spielsachen sind durcheinander
Kaninchenkot im Restmüll

Hologramm

Kürzlich im Deutschen Museum –
faszinierend

Fazit: unwirklich

Diese Abstraktion, diese Fantasie
Hologramm sieht utopisch und technisch
aus

Fälschungsschutz auf Messen und Museen

Blasen

Wie wäre ein Mineralwassergetränk ohne
Blasen?

Schon mit Sekt und Selters können wir in
prickelnde Stimmung kommen

Das Jahrtausend ist vorbei, aber wir
veranstalten immer noch Silvesterpartys
Der Jahresendengel lacht darüber

Bei schlechtem Wetter muss man sich
darauf einstimmen

Ist das nicht beruhigend?

Argumente

Mein Freund – andere haben hier nichts zu
suchen

Ich weiß aufgrund seines Berufes nicht, wer
der Sohn und wer der Vater ist

Andere haben Land

Manche haben Großmütter, zu denen sie
ihre Kinder bringen

Andere haben Neurosen

Und ein Drittel hat Phobien

Andere sind übermäßig besorgt

Die Kinderherzen anderer lächeln

Niemand war da, niemand sah es

Wer stellt Apfelkuchen auf die Fensterbank?
Wer hat die schmutzigen Gläser in den
Küchenschrank gestellt?

Woher kommt der Schmierfleck vor dem
Fenster?

Wie wird aus Plastikmüll Papiermüll?

Wer schaltet das Licht an?

Wer hat das Handtuch beim Malen benutzt?
Wie landet Haarspray im Küchenregal?

Wo sind nochmal die Mützen und Schals?

Akzeptanz

Wo ist die Toleranz denn hin

Wo ist sie geblieben?

Über Gräbern weht der Wind

Was ist geschehen?

Wo ist die Hilfsbereitschaft hin

Wo ist sie geblieben?

Bomben fallen auf Konvois

Was ist geschehen?

Wo ist die Solidarität denn hin

Wo ist sie geblieben?

Bagger schaufeln Gräber zu

Was ist geschehen?

Die heutige Mode ist für mich sehr praktisch

Meine Jackentasche – sie hat schon Löcher
Meine Unterhemden – immer noch
verschwitzt

Meine Jeans – schon zerrissen

Meine Hemden – noch nicht gebügelt

Meine Tasche ist bereits abgenutzt

Mein Notizbuch – immer noch zerknittert
Meine Haare wurden noch nicht
geschnitten

Mein Bauch – immer noch echt

Nervös

Wer schreit, hat immer Recht, das stimmt
Möchten sie mit sechs Kindern ruhig und
sachlich bleiben?

Die großen und schlimmsten Teenager

Das macht mir Angst: Ich traue mich nicht,
dich anzufassen

Bist du ein aufbrausender Mensch oder
jemand, der schnell wütend wird?

Bleibst du immer noch bei deinen
Gefühlen?

Vielleicht verstehe ich mich nicht gut mit dir, weil ich meine eigenen Fehler in dir sehe.

Kleine Dinge

Was denkst du?

Das Speichern von Informationen ist eine Kleinigkeit

Korruption ist eine Kleinigkeit

Ist eine Sprachbehinderung oder eine andere Hautfarbe eine Kleinigkeit?

Das Versäumen von Hallo oder Auf Wiedersehen ist eine Kleinigkeit

Fett, hallo

Ist mangelnde Kommunikation mit dem Sohn oder Vater eine Kleinigkeit?

Ist ein Gemälde oder ein Gedicht eine
Kleinigkeit?

Ständig vor dem Fernseher oder Computer
festzusitzen, ist eine Kleinigkeit.

Cool, nicht wahr

Ein Pyjama-Hemd ist eine kleine Sache,
wenn es in eine Pyjama-Hose gesteckt wird

Fatima

Gelangweilt

Schleimig

Aus Ideen

Radikalismus

Bigott

Mir fällt nichts anderes ein

Die Haare auf deinem Rücken stellen sich
auf

Pseudoliteratur

Einschränkung

Das Alter führt dich zum Sport

Laufen ist immer gut

So erhaltet ihr die Kraft

Mit zunehmendem Alter musst du dich
mehr einschränken:

Kuchen mit möglichst wenig Sahne
Manchmal setzt man sich selbst Grenzen
Manchmal sagen einem andere, was man
tun soll

Ihr beschränkt euch darauf, zu genießen

Freiwilligenarbeit

Ehrenpositionen sollten gefördert werden
Es muss unterstützt werden

Und es sollte anerkannt werden

Ein Ehrenamt erfordert ehrenamtliches
Engagement

Muss freiwillig bleiben

Und „Vorteile" sollten niemals erwähnt
werden

Eine Ehrenposition sollte keine Eifersucht
hervorrufen

Und es sollte nicht schlecht gemacht
werden

Erbrochenes im Beutel

Wer lebt auf Kosten anderer?

Ein voller Kotzbeutel löst Ekel aus.
Erbrochenes in Beuteln könnte Erbrochenes
enthalten

Arschlöcher sind in Arschlöchern

Eines meiner Gemälde heißt Vomit Bag

Ich denke an eine Ausstellung: Ich verteile
Erbrochenen Beutel

Auf der „Welt"-Ebene

Jeder muss sich übergeben

Krankenhaus

Ich biete dir einen Deal an

Ich zwinge dich, mich zu retten

Alles wird zur Routine

Weißgekleidete Götter streifen umher

Ein Gott stellt eine falsche Diagnose

Eine andere Person wendet Gewalt an

Jeder weiß, das macht mich krank und
dumm

Das letzte Mal, als ich Hilfe bekam

Es gibt nichts Schwierigeres, als Menschen
zum Lachen zu bringen

Ein Witz ist ein alter Witz und alle lachen
Der andere Witz ist gut und niemand lacht
Niemand weiß, wann jemand lacht

Lachen ist sehr gesund

Muskeln entspannen beim Lachen

Lachen ist wichtig für den Organismus

Aber was soll ich tun, wenn es niemandem
auffällt und meine Gedichte lustig sind?

Ich habe den Satz an der richtigen Stelle
platziert

Es ist langweilig, es zu haben

Der Verein ist reich und gibt uns nichts

Ein antikes Klavier wohnt bei einem Freund
In Umzugskartons sind immer noch Juwelen
Goldene Taschenuhr in meinem Schrank

Gib es mit warmen Händen

Meine Bilder sind meine Kinder

Meine Stereoanlage hat tausende
Funktionen

Ich kann mein Hemd und meine Hose nur
einmal tragen

Reich an Gedanken, arm an Taten

Diesmal kann niemand sagen, er hätte es
nicht gewusst

Dieses Mal kann niemand sagen, dass er glaubt, etwas bewirkt zu haben

Diesmal kann niemand leugnen, dass er ein Fundamentalist ist

Kanzlerkandidat macht klar, was er will Kanzlerkandidat wird wieder alles weglassen

Stoppt den Kanzlerkandidaten

Ist sonst alles ok?

Können alle, die übrig bleiben, gewählt werden?

Erfülle die Rollenerwartung von Vater und Mutter

Meistens sind die Mütter die klügeren

Aber du entscheidest dich für das, was dir am meisten liegt

Entscheide dich aber immer nur für eines

Beide Erwartungen kannst du nicht erfüllen

Weil die Hoffnungen der Eltern oft
gegensätzlich sind

Lasse die Finger von Drogen

Gehe nicht aufs Sozialamt

Du bist nicht auf der Welt, um so zu sein,
wie die anderen dich haben wollen

Verse

Holprige

Traurige

Euphorische

Kämpferische

Erhabene

273

Kritische

Poetische

Lustige

Ständige Kritik ermüdet mich

Viele Menschen haben das Potenzial
moderner Technologie noch nicht erkannt
Viele glauben nicht an Erfahrung und
Wissen

Viele Menschen haben keine Ahnung von
Kunst

Viele Menschen verbinden Lob mit Kritik
Die meisten loben nie

Viele können sich nur auf sich selbst
konzentrieren

Manche Leute sind tatsächlich dumm

Jeder findet immer noch einen
Wermutstropfen

Götter in Weiß

Sie haben geschworen – Doktor

Wir müssen hartnäckig mit ihnen umgehen,
sonst werden wir verlieren

Leider gibt es sie noch

Leider diagnostizieren sie falsch

Leider missbrauchen sie mein Vertrauen
Leider kommerzialisieren sie meine
Krankheit

Leider verdienen sie Geld

Und der Junge neben mir braucht Hilfe

Ein Blinder sieht das

Mein Schatz, wenn auch nur ein Funke
Dichtkunst in mir steckt, machst du aus mir
einen Poeten

Deine zierlichen Füße berühren kaum den
Boden

Dein weiches Haar streicht über mein
Gesicht

Deine zärtlichen Hände fliegen über meinen
Körper

Dein energischer Mund drückt mir einen
Kuss auf die Wange

Deine sanften Augen streicheln mein Ego

Dein ehrlicher Charakter festigt mein Gemüt

Dein einfühlsames Wesen streicht durch
unser Haus

Dein wohlgeformter Körper gibt mir Kraft

Was kann ich nicht tun?

Ich kann nicht auf ein Seil klettern

Ich kann keinen Gleitschirm fliegen

Ich bin kein Weltmeister darin, meine
Bedürfnisse einzuschränken

Und ich kann nicht mit dem Rauchen
aufhören

Für eine Karriere als Beamter ist es zu spät
Und ich kann nicht mehr zu den besten
Sportlern gehören

Ich kann den Schaden, den ich angerichtet
habe, nicht wiedergutmachen

Und ich kann mein Leben nicht noch einmal
leben

Kinderspiele

Kinder gehen unbedarft an die Sache ran

Kinder sind konsequent

Kinder sind gute Gedächtniskünstler

Kinder können singen, tanzen, lachen

Kinder sind flink

Kinder sind kreativ

Kinder sind ausdauernd

Kinder begreifen schnell

Kaufe Schneid ab

Ich übe immer noch, dich wütend zu
machen

Ich kann das besser als vorher

Aber ich habe immer noch Angst, dass du
die Konsequenzen akzeptierst und aufgibst.
Du beleidigst mich

Muss ich mich zwingen, dir zu
widersprechen?

Du willst die Grenzen erleben

Wenn ich aufgebe, werde ich dir weh tun
Kann ich Dich mit meiner Kunst nicht
erreichen?

Lösung

Es war überhaupt nicht langweilig

Es war sinnlich

Das waren wunderschöne Stunden.

Es war bescheiden

Aber er war nie arm

Er war die meiste Zeit ganz unten

Der Absturz nach oben war unvermeidlich
Es war ein erfolgreiches Leben

Ich bin über meine Zeit hinaus

Lass meine Frau endlich in Ruhe

Du Hengst

Rutsche von meinem Buckel runter

Du kannst meinen Arsch diagonal küssen

Du bist eine bittere Enttäuschung, Angeber
Du hast sicher vergessen, wer dich aus
deiner Scheiße rausgeholt hat

Ich habe alles richtig gemacht

Ich bin gefesselt und fasziniert

Ich machte mich auf die Suche

Ich bin aus einem goldenen Käfig
entkommen, den es nicht gab

Weil ich meine Gefühle gespürt habe

Ich habe nicht an Menschen geglaubt
Besonders an Priester und Propheten nicht

Als ich ruiniert war

Ich habe gespart, was ich konnte

Ich werde langsam bescheidener

Man kann Reisende nicht aufhalten

Ich habe keine Fehler gemacht

Ich habe dich nicht gefesselt

Ich habe dich nicht geschlagen

Also habe ich dich in Ruhe gelassen

Auch wenn man denkt, dass es etwas
Besseres gibt

Und dann bist du gegangen

In einer solchen Situation würde ich die
Beziehung beenden

Ich würde auf jeden Fall umziehen

Ich würde auf jeden Fall weitermachen

Wechseln sie niemals ein Arbeitswerkzeug

Bewährtes behalten und wegwerfen, was
fehlschlägt

Stellen sie wieder Menschen für das Buffet ein

Präsentieren sie die Tanzdarbietung noch einmal

Führen sie einen Gedicht- und einen Musikabend durch

Organisieren sie alles wie zuvor

Schützen sie das Konzept

Stellen sie die Künstler einzeln vor

Behalten sie das gleiche Team

Verschenke das Shirt

Kompatibel

Tropfend

Ausschließend

Behoben

Unsinn der Heiligen

Welt

Werbung ist effektiv

Murmeln

Waschen

Ich wünschte, ich hätte das selbst getan

Überstunden aufgrund schlechter Arbeit
Kochen durch Beschädigung der Küche
Nasse Wäsche wurde aus dem Regal
genommen

Es gibt immer neue Hindernisse, die
Pädagogen von ihrer Arbeit abhalten

Es gibt immer einen Vorrat an Süßigkeiten
für Lehrer

Lächerliche Entscheidungen
Verhandlungsentscheidungen

Menschen, die mich verstehen

Menschen, die kämpfen müssen, verstehen
mich

Zeitzeugen der Geschichte

Wer keinen Erfolg hat, versteht mich leicht
Menschen, die verstehen, was Vertreibung
bedeutet

Menschen, die mit mir das Schicksal der
Ausweisung teilten

Menschen, die mit beiden Beinen auf dem
Boden stehen

Erstgeborene

Lichtfiguren

Hochzeit

Drum prüfe, wer sich ewig bindet

Heirat ist eine Lebenslüge

Für alle Beteiligten eine Qual

Hochzeit ist für alle schön, außer fürs
Brautpaar

Schlechte Gebräuche verschlimmern die
Situation

Aus unzertrennbarem Band wird schnell ein
zerbrochener Bund

Es gilt einzig und allein das Ablöseritual

Eltern bestimmen, was ihre Kinder tun

Aufregung der Kinder

Es ist besser, sich von den Kindern an der
Hand halten zu lassen

Weil wir von Kindern lernen können

Kinder rennen, wenn sie aufgeregt sind
Kinder wissen, dass Cowboys Stoppeln
haben

Gehen wir gemeinsam auf Volksfeste

Lassen wir den Osterhasen kommen

Und Karneval feiern

Eine gute Erfahrung braucht keinen Dank

Ich zögere

Wie kann ich böse sein: Es gibt Menschen,
die mir vertrauen

Ich bin ein Vorbild für andere

Deshalb vertraue ich meinen
Entscheidungen nicht

Deshalb berühren meine Füße im Leben
nicht den Boden

Ich bin immer noch hin- und hergerissen
zwischen Selbstüberschätzung und dem
Gefühl der Hilflosigkeit.

Aber ich gehe voran

Und ich werde nicht zulassen, dass es mich
kaputt macht

Ich gebe mein Bestes

Zu spät kommen

Deine verspätete Ankunft hindert mich
daran

Du lässt mich immer warten

Es ist auch unfair gegenüber unseren
anderen Kollegen.

Du hast keine Ahnung von moderner
Unternehmensführung

Du hast so wenig Respekt vor mir

Vielleicht gefällt es dir, falsch erzogen zu
werden

Vielleicht versteckst du dich hinter
fadenscheinigen Ausreden

Du wirst entlassen

Schlechte Träume

Tränen sind Anzeichen von Freude und
Trauer

Du verarbeitest deine Vergangenheit mit
Träumen

Laufe auf Weichwatte, wenn du Lust dazu
hast

Fliege, wenn du willst

Du kannst deine Tränen steuern

Du kannst deine Träume vertreiben

Die meisten Tränen vergisst du, genau wie
die besten Ideen

Schreibe deine Träume und Ideen auf

Neue Technologien

Ein echter Run beginnt in der Community
Globalisierungsgegner haben keine Chance
Blumenmaler sind aufgeklärt
Wissenschaftler müssen umdenken

Auch die Politik muss umdenken
Ausbeutung ist aus der Mode gekommen
Die Lügen des Lebens werden enthüllt

Das nennt man neue Technologie

Der alte Ladas

Du denkst, auf einer Eselin sitzend, gefällt
deiner Angetrauten die Welt

Du denkst, du kannst die Frauen mit
Reichtum beeindrucken

Du bist halb irrsinnig

Du empfindest das Unglück, das über dich
kommt, als völlig ungerechtfertigt

Du witterst überall ein Geschäft

Dabei hast du dich völlig isoliert

Und bist niemands Freund

Und du denkst nicht, wie sehr sie dich
hassen

Man schreibt das, was aus der Spitze des
Bleistifts herausfällt

Man schreibt über Herzblut

Kunst kommt nicht von können

Man schreibt: Weil, es gibt nichts Gutes,
außer man tut es

Und, oh Schreck, es fällt etwas Erstaunliches
heraus

Denn die Seele ist weiter, als der Geist

Oft fällt das Richtige heraus

Man hat die Kurve bekommen, obwohl man
Gutes nicht erzwingen kann

Und wieder ist ein Heft voll

Meine ewige Unzufriedenheit geht mir auf
die Nerven

Genug ist nie genug, denke ich

Aber, mit jedem Heft komme ich meinem
Ziel näher

Auf zu neuen Ufern

Und, wer rastet, der rostet ja schlussendlich

Und wieder lasse ich meinen Geist nicht
ruhen

Und wieder ist viel Schlechtes neben Gutem entstanden

Und wieder habe ich mich so gequält

Blindes Vertrauen

Sensible Schritte werden angepasst

Trotz der Gefahren werden Operationen bei Kindern immer noch durchgeführt

Dabei spielt es keine Rolle, ob sie reich oder arm sind.

Unsere Kinder sind unglaublich frei

Unsere Kinder können alle möglichen Sportarten ausüben

Du springst in meine Arme

Du hast dich blind nach Hause führen lassen
Du fragst nicht einmal mehr

Suchen sie keine Ausreden

Es hat keinen Sinn zu streiten

Auch wenn es teuer war, hat es sich gelohnt
Sie zahlen trotz Klagen über Geldmangel
Der Glaube versetzt Berge

Sie sagen: „Sie haben mich nie unter Druck
gesetzt."

Jeder weiß, dass es Betrüger gibt

In jedem Jahrhundert gab es Scharlatane
Was also möchten sie tun, wenn sie Ihr Geld
loswerden möchten?

Sauber gefegt

Die Badewanne wurde gewaschen – gefegt
und gereinigt

Handtücher wurden vom Boden
aufgesammelt – gefegt

Von der Straße gefegter Schmutz – mit dem
Besen weggeräumt

Gereinigt – gefegt nach der Handarbeit
Gereinigte Flächen – gefegte Teppiche
Repariert – gefegt und gereinigt

Leere Saftkartons wurden abtransportiert –
weggefegt

Das alles ist nicht nötig - sauber gefegt

Im Schnee

Dicke, rotglühende Schwellungen über
gebrochenen Herzen im Schnee

Blasse Schauer im Schnee mit einer harten,
kränklichen Erregung

Gebrochene Menschen im Schnee

Blablabla und oh ha, im Schnee

Laute Lügen, Äpfel und Gift im Schnee

Eine riesige Enttäuschung und eine
anstrengende Nervenschlacht im Schnee
Gehe mit den Kindern nach draußen

Vor die Tür, im Schnee...

Mutig und ängstlich zugleich

Ich ließ mich nicht an die Leine nehmen und
hörte nicht auf die Behörden

Ich habe mich über alle lustig gemacht

Ich habe bis zum Umfallen gearbeitet, ich
habe es mit allen aufgenommen

Ich habe geraucht und getrunken und bin so
hart wie Krupp-Stahl

Ich ging zum Teil wegen Kopfschmerzen ins Bett und weil ich Angst vor Krankheiten und Verletzungen hatte.

Ich wollte es allen recht machen und hatte Selbstmitleid

Ich konnte es niemandem sagen, weil ich Angst hatte, dass das Messer und das Feuerzeug in der Nähe sein könnten, wenn ich etwas Scheiße gefunden habe.

Lieber Feste feiern, als feste fallen

Melkt die Bäuerin ihre Kuh, lässt der Bauer sie in Ruh

Trägt der Bauer sein Gefieder, regnets auf den Hofhund nieder

Lässt der Landmann Peitschen knallen, lassen Hühner Eier fallen

Kommt der Bauer in den Stall, sieht er Kühe
überall

Bauern scheuen Klauenseuchen, die Natur
lässt sich nicht erweichen

Bauern scheuen BSE, denn das tut den
Rindern weh

Haut der Knecht die Magd im Gehen, lässt
die Magd den Knecht gleich stehen

Hat der Bauer Herbstlaub satt, nimmt er
Obstler mit ins Grab

Völlig losgelöst

Der Wind hat mir erzählt – gedankenlos frei

Sorgenfrei leicht klingt es von den
Baumwipfeln her.

Welträume durchstreifen und schweben im
Nebel;

Einen Meter über der Erde und leicht –
verliebt

Vertrauen

Du denkst nicht: Das wird später kein
Problem sein, ich kenne dich schon
Vertrauen ist ohne Beziehung immer
unmöglich

Du lachst mich aus, ich glaube, du lachst
vielleicht

Bist du so gut oder tust du nur so?

Jetzt weiß ich, wo ich stehe

Du bist so nett, das ist keine große Sache

Du bist so naiv;

Es ist dumm, so oft betrogen zu werden

Die besten Ideen entstehen nachts

Man kann noch mehr Ideen haben, noch
mehr tun

Man kann noch mehr arbeiten, noch besser
sein

Morgens habe ich vergessen, was ich nachts
erdachte

Ich muss nachts aufstehen und es
niederschreiben

Wozu habe ich mein Notizbuch

Ich könnte mich selbst ohrfeigen, warum ich
mich an heute Nacht nicht erinnere

Dann habe ich Lampenfieber, habe Angst,
es könnte ein Reinfall werden

(meine Ausstellung meine ich)

Es ist noch nie ein Reinfall geworden, ich bin
zufrieden mit den Ergebnissen

Man kann noch mehr tun

Lob annehmen

Meistens denkt man, es ist nicht gut genug
Die Anzeige vermittelt dieses Bild

Ich bekam Komplimente von einem großen
alten Mann

Ich wurde mit Achternbusch verglichen

Man kann sich eigentlich ganz gut
einordnen

Manche Dinge sind schlecht, aber ist das
nicht normal?

Am Ende ist alles gut

Das Selbstwertgefühl ist sehr gering

Sonntag

Stellenmangel

Telefonexplosionen

Telefonstress vor dem Sturm

In Ruhe Zeitung lesen

Genieße dein elegantes Frühstück und ein musikalisches Erlebnis

Essen gehen im Zug

Morgentraining

Ballspiel am Nachmittag

Verbringe deine Freizeit im Freibad

Wir verkaufen Illusionen

Du kannst denken und sagen, was du willst,
erwarte nicht, dass es geschieht

Ich bin ich und du bist du

An Illusionen zu glauben, macht Spaß

Heute bist du oben, morgen bist du unten

Kaum alt und gebrechlich, mit nichts
zufrieden

Schönheit und Reichtum sind vergänglich

Wir werden eines Tages von unserem
Podest gehoben

Mache deine Erfahrungen und lebe danach

Du musst vieles ausprobieren, um dir ein
Bild zu machen

Ich soll schwach sein – Illusion

Ich soll stark sein – Einbildung

Junge macht Besorgungen

Komm, lauf in den Garten – mähe den
Garten

Hole die Kinder vom Kindergarten ab und
bringe sie sie zum Arzt

Komm, bau die Toilette auf

Und die Sachen müssen zur Post gebracht
werden – komm schon, beeil dich

Du musst ständig denken, dass die Arbeit
anderer Leute großartig ist

Du arbeitest bis zum Umfallen

Und bitte nicht um Hilfe

Und beschwere dich nicht

Es besteht Handlungsbedarf

Worüber man schreiben sollte – Papier ist
geduldig

Das abgelegte Protokoll ist nicht nur das
Protokoll

Mit oder ohne Protokoll, welchen
Unterschied macht das?

Haltbarkeit ist wichtiger als Luftblasen

Also: Lass dir Zeit, gehe kleine Schritte und
bleib konsequent, weniger ist oft mehr
Nichts wird besser mit großen Ereignissen
(wenn nicht aufrechterhalten)

Ansonsten: Zu viel hastiges Handeln ohne
Handlungsbedarf

Rachsüchtig

Dein kalter Blick – ich erinnere mich

Dein wütender Mund - ich werde ihn nie
vergessen

Dein lebloses Wesen – lässt mich
erschauern

Kein Herz – wen wundert es?
Hochgesteckte Haare und 70er-Jahre-
Klamotten

Sich auf Absätze konzentrieren und
unhöflich sein

Ungebildet

Du sagst zu viele Ausdrücke

Sexuelle Spiele kennst du von Kindesbeinen
an

Du hast nie in die Ecke gepinkelt, sondern
nur mitten ins Zimmer

Du zündelst und merkst es nicht

Deine Kissenschlachten sind harmlos

Du bekommst kein gemeinsames Spiel hin

Ungebildet ist nicht krank

Ungebildet braucht keine Medizin

Zukunft

Hoffen auf Erfolg

Hoffnung auf Genesung

Voller Hoffnung

Tod

Unsichtbar Angst, entdeckt zu werden

Angst vor Raubüberfällen

Voller Terror

Überlast

Und wenn dein Kopf wieder anfängt zu
pochen

Und wenn es sich normal anfühlt, sich
schlecht zu fühlen

Geistige Blockaden fühlen sich schlecht an
Brille kaputt

Herumlaufen, ohne zu wissen wie oder
warum Kaffeekonsum steigt
Schlafstörungen

Und der nächste Tag ist schlimm

Ein Kinderspiel

Nachahmungsspiel

Harmonie – Spiel

Tiefgründiges Gameplay

Fair Play

Lachen – Spielen

Immer Rennen fahren – und auf
Wiedersehen

Kampf – und auf Wiedersehen

Witze – und er war weg

Provokante Sätze

Was soll's: Ich schreibe mit erhobenem
Zeigefinger

Was willst du: Kitsch und Kunst sind nicht zu
unterscheiden

Ich bin sicher, ich weiß, was Kunst ist

Halt die Klappe: Ich mache die Regeln

Ich möchte, dass du weißt: Frieden und
Ordnung müssen beseitigt werden

Und überhaupt: Du weißt nicht, was du tust
Eines ist sicher: Es ist so kitschig, dass es
immer noch ein Kunstwerk ist

Nässe

Auch heute wieder undiszipliniert

Es wurden andere Dinge erledigt, nicht das,
was getan werden musste.

Ich habe das Malen ein paar Mal
ausgelassen

Auch heute war die Arbeit nicht aufgeteilt
Heute entging ich erneut der Anstrengung
Funktionierte immer noch nicht konstant
Nehme keine Stimulanzien, nicht heute
Heut kann ich nicht nein sagen

Früchtchen

Du sagtest, du hättest auf dem Schulhof
geraucht und fandest es cool

Du sagtest, du wärst ein bisschen faul

Du machst gerne Witze, behauptest du

Ich wusste, dass du helfen würdest, wo
auch immer du bist.

Ich wusste, dass du ehrlich und aufrichtig
bist.

Und ich möchte bekannt sein

Wehe, wenn du aus deinem Schneckenhaus
herauskommst

Stilles Wasser oder Obst?

Verlassen

Ich warte auf den Anruf – wie lange schon?

Die Schritte, die ich kenne, höre ich nicht

Die Schlüsselgeräusche, das vertraute, höre
ich nicht

Die Verzweiflungstat plane ich

Ziel und planlos laufe ich durch die Stadt

Endlostelefonate plane ich

Gegenstände der Erinnerung springen mich
an

Freunde, die ich besuche, springen mich an

Einsamkeit im Bett springt mich an

Grübeln springt mir ins Gesicht

Dann doch wieder nichts

Vergessen

Ich möchte vergessen, eigentlich muss ich
die Vergangenheit wegwerfen

Lass uns alles verbrennen, mein Freund

Für Sentimentalität ist hier kein Platz,
Bruder.

Wir wollen uns an nichts erinnern

Der große Radiergummi ist angekommen,
Bruder.

Lass es uns verfolgen

Du musst härter sein, Bruder

Kunst kann man nicht wegwerfen

Verführen

Jemand macht dir den Hof

Es erregt dich

Es inspiriert dich

Sie verführt dich

Sie macht dir den Hof

Die Person erklärt dir die Zusammenhänge
Es überzeugt dich

Du gibst schließlich auf und deine
Motivation steigt

Augen nass von Tränen

Ich kann nicht sehen

Der Fortschritt ist also langsam

Ich denke, es ist zu oft passiert

Und ich glaube, es ist gesundheitsschädlich.
Ich bin verzweifelt

Ich kann dir nicht sagen, dass du dir keine
Sorgen machen sollst.

Ich habe dir kein Leben im Garten Eden
versprochen

Du brauchst dir keine Sorgen zu machen.

Zuverlässigkeit

Er erhält keinen Anruf

Es gibt keine Entschuldigungen

Und nicht einmal eine Ablehnung

Und nicht einmal ein Besuch

Es macht ihn traurig

Das erzeugt auch Wut in ihm

Behinderung entsteht durch Wut
verwandelt sich in Trauer

Er weiß, dass er sein bester Freund ist.
Erlernt kindliches Verhalten

Er lernt, keine Verantwortung für sein
eigenes Leben zu übernehmen.

Anrufdauer

Es ist Zeit für einen Besuch

Ausbildung

Der Tag wurde mit Training verbracht

Der Tag war geprägt vom Scheitern

Eine Verletzung jagt die andere

Der Tag war von Erfolg geprägt

Der Tag wurde mit Geduld gefeiert

Es gibt keinen Tag, der nicht überwunden ist
Kein Ergebnis, keine Stunde

Es gibt keine Minute ohne Anstrengung
Agilität war gefragt

Blockade

Ich kämpfe gegen die Dämonen in mir

Ich möchte über meinen eigenen Schatten
springen und kann es nicht

Ich möchte rein, aber ich kann nicht raus.
Mein von meinen Eltern geprägtes Über-Ich
gewinnt die Oberhand

Meine unterbewussten Ängste gewinnen
Ich möchte rein, aber ich kann nicht raus.
Ich verletze die andere Person, das will ich
wirklich nicht

Ich möchte nicht das Produkt meiner
Talente und meines Wissens sein

Ich möchte reinkommen

Protokoll

Wenn du schreibst, werde ich schreiben –
es ist so nutzlos wie ein Kropf

Das Ergebnis - es passt sowieso niemandem
Insgesamt unnötig

Es gibt etwas zu bewältigen - oh mein Gott
Sie können schöne Ordner erstellen – oh
mein Gott

Sie können etwas einreichen - oh meine
Götter

Sie belasten sich selbst mit unnötiger
Arbeit.

Rechtes Gedankengut

RG ist gegen die Grünen gerichtet

RG bildet sich ein, das bessere Konzept zu
haben

Ich bin für „jetztkämpfen" gegen
Rechtsradikale

Ich bin für „jetzthandeln" gegen
Rechtsradikale

Ich bin fürs totschweigen von RG

Ich rühr mich nicht gegen RG – ich bin
gegen RG:

RG würde alles verschlimmern

RG würde nichts aber auch gar nichts
verändern

RG würde nichts aber auch gar nichts
bewirken

RG steckt in den Köpfen der Normalbürger

RG ist tief in den Köpfen verankert

Ruhig sein

Ich schaue dich an, du bist ruhig

Sie zwingen mich, eine Rolle zu
übernehmen, die nicht zu mir gehört.

Du willst es allen recht machen

Sie möchten mitreden, sind aber schüchtern
und verhindern alles.

Es brodelt in deinem Innern, und du lässt es
nicht rauskommen.

Du denkst

Du lügst

Du tust so, als wäre es unnötig

Du ignorierst mich

Handwerk

Arbeit aus Liebe zum Handwerk
Geschwindigkeit und Präzision in Liebe zur
Handwerkskunst

Alte Traditionen – Liebestraditionen
Holzschnitzerei „Der Liebhaber eines
Zimmermanns"

Bewunderung für uns

Die Autorität eines Handwerkers

Zweifellos getragen von Selbstbewusstsein
Helfen Sie uns

Die Kultur einer Gesellschaft

Lesestoff

Der Amerikanismus breitet sich überall aus
– gleiches Muster

Du unterscheidest nicht mehr zwischen Gut
und Böse

Dieselbe Literatur und gute Kunst wie zuvor
ist gefragt

Fiktion heute

Literatur soll spannend und interessant sein
Von großen Schriftstellern

Ankunft

Luftperspektive – blaue Perspektive

Dunkles Grün der Bäume durch das
Blumenfenster

Durst nach Sonne und dem Duft von
fruchtigem Schnaps

Nach der Autobahn flimmert graublau

Nach Kopf-an-Kopf-Rennen

Nach einer hitzigen Autobahn

Nach den Hindernissen auf der Straße
Farbkreis und Kinderpyramide

Ein tolles Reiseziel und Ruhe nach dem Lärm
Wunderschöne, fantastische Landschaft
Und Stille und Grün

Lesestunde

Unglaubliche Spannung

Unverständliche Unterhaltung
Geschichtenerzähler, Clarin,
Geschichtenerzählerin

Lächelnde Augen von Kindern

Begeisterte Zuhörer, Kinderaugen
Geschichtenerzähler als Beruf

Meinungen

Ich bin nachts aufgewacht, ich habe nachts
geschrieben

Jetzt schreiben

Nachts schreiben, Erinnerungsstörungen
Die besten Ideen sind weg

Nacht: Ideen verschwinden so schnell wie
sie gekommen sind

Ideen sind wie Rauch

Nacht: Kostbare Gedanken

Es ist schwierig, Ideen zu finden

Brigach und Breg

Neue Perspektiven auf der anderen Seite
eines Flusses

Neue Forschung mit einem Fluss

Du glaubst mir nicht, Quelle der Vernunft
Du bist nicht einzigartig, deine Herkunft ist
ziemlich klein und unauffällig

Uneinigkeit: Sehr groß wie das Meer

Sehr leicht und hängt wie eine Nadel

Schlechter Schlaf

Gedanke: Ich bin mit Kopfschmerzen
aufgewacht

Nicht schlafen: Den ganzen Tag müde und
erschöpft sein

Ich sah: Du schläfst fest neben mir

Ich habe nicht geschlafen: Nacht wach
Selbsthypnose funktioniert nicht mehr: Ich
kann nicht mehr einschlafen

Ich dachte: Ich sehe, wie es anfängt
aufzuhellen und der Schlaf langsam kommt
Ich bin aufgewacht

Hin und her

Mir ging es damals ziemlich gut - eigentlich
Dann hatte ich einen Rückfall -
unregelmäßig

Du hast deinen Weg verloren – Regression
Kommen wir nun zurück zu den Ursprüngen
- eigentlich

Jeden Tag gute Arbeit leisten, hyperaktiv
sein und Trends setzen

Ich bin überzeugt, wenn ich Gedichte lese
Beginnend jeden Tag

Gefahr

Sie sind so jung, so unerfahren.

Zu jung, zu voreilig

So jung, so schnell

Sie sind jung und fit

Junge Menschen sind funktional

Junge Leute, besonnene Menschen
Unerwartete Dinge passieren oft

Kabarett

Nicht zu verwechseln mit Cabaret

Es gibt sechs Arten von Witzen
einschließlich Lachen

Der Erfolg ist nur eine Berührung entfernt
Igel – Erfolg

Lach und Schieß – Erfolg

Slapstick und politisches Kabarett

Jeder hat seinen eigenen, einzigartigen Stil
Er kann ihn auch ändern.

Gruselig

Ich sehe Nebelpartikel aufsteigen

Ich habe Angst

Ich höre den Wind pfeifen

Ur-Pan geht auf Reise

Für uns Stadtbewohner unverständlich

Thor schwebt zur Erde

Nach dem Heulen schlägt die Tür zu

Ich bin klatschnass

Gemeinschaftsgefühl

Und es war einmal ein System, das
entwickelt wurde

Wir sind alle am selben Seil, wir sind alle am
selben Faden

Lass den Nebel lichten und lass uns lustig
sein

Alle am selben Seil…

Wir offenbaren Talente

Und geben tiefe Einblicke und Eindrücke
Alle am selben Seil...

Wir sind kein Hotel

Alleinsein

Allein sein, einsam sein, allein und einsam
sein

Die Beziehung, die er sucht und konsumiert
Und gibt es eine Wahl zwischen
Erschöpfung und Alleinsein?

Will er einsam und traurig sein?

Allein mit dem Schmerz?

Das Studium als Künstler macht einsam

Ist Einsamkeit eine Chance?

Im Grunde immer allein

Wenn von Frieden die Rede ist ...

Erfolgt die Beruhigung auf allen Ebenen?
Nicht alle Politikerprofile werden angezeigt
Ist sich denn niemand der Gefahren
bewusst?

Wurden alle Erfolge für ungültig erklärt?
Gibt es jemanden, der den Zweiten
Weltkrieg nicht erleben möchte?

Ist es nicht möglich, Amerika zu
beeinflussen?

Wurde der Kriegszustand erklärt?

Gab es bereits Kriegserklärungen?

Sind wir bereits im Krieg?

Machen die Leute weiter?

Italien

Italien der Gemütlichkeit

Sonnenlicht pur – Italien

Mit Fisch – Italien

Schnelles Fahren ist an der Tagesordnung
Schmuck – Italien

In der Vergangenheit eingefügte Häuser
Espresso – Italien

Landschaft, die einem Aquarell ähnelt
Regen tropft im September auf ein
Autodach – Italien

Erster Urlaubstag

Was sollen wir tun?

Auf Sonne warten oder faulenzen

Oder ins Café gehen

Oder Frühstück

Oder aufs Abendessen warten?

Ins Bett gehen

Sex machen

Auf den Berg gehen

Und lesen

Regelverstoß

Das Überfahren roter Ampeln macht Spaß
Obst aus dem Garten des Nachbarn stehlen
Sonntagsarbeitsverbot heute ignoriert

Auch ins Waschbecken pinkeln erlaubt

Das Lesen der Tagebücher anderer
Menschen macht glücklich

Und dann gibt es noch diese:

Den Müll heimlich nicht trennen
Blechdosen trotz Verbot in den Gelben Sack
werfen

Den Müll auf der Straße zurücklassen

Schweigen

Nach einem Jahr Arbeit – Pause

Nach 24 Stunden Dienst – Ruhe

In schwierigen Zeiten – zu sich selbst finden
Balance auch im Urlaub

Entspannung auch auf See
Rückenmuskulatur-Progressive-
Muskelentspannung

Von Leuten, die denken, sie würden Ihnen
etwas Neues zeigen

Du putzt deine Zähne sowieso immer richtig
Man bekommt Ratschläge, mit denen man
nichts anfangen kann.

Du hast nicht genug Grenzen gesetzt

Sie können sich nicht den Luxus leisten,
Fehler zu machen – warum?

Man muss besser sein als andere – warum?
Du bist ein Feigling - das ist klar

Sie sind misstrauisch - das ist auch klar

Du hast einen schlechten Traum

Die Schmerzen

Zwingen zum Umdenken

Geben Hinweise aus dem Körper

Diese Schmerzen können vermieden
werden

Aber es muss immer angesprochen werden
Und doch sind sie eine gute Sache
Behandlung bis zur letzten Minute
aufgeschoben

Sie vermeiden den Gang zum Arzt
Schmerzen werden oft nicht mehr
wahrgenommen

Die Ballade vom Computer

Und ich saß an dem Computer

Und das Rauschen zog vorbei

Denn der Bildschirm war am flattern

Und das Meer zog schon vorbei

Virus oder Hardwarefehler

Drück ich ok oder nicht

Auch der Abbruch wäre möglich

Lieber riskiere ich es nicht

Wenigstens fährt er doch hoch noch

Druckerauftrag wird erkannt

Noch die Meldung krieg ich rüber – und
dann stürzt er endlich ab

Kein Name

Sparen kann man von den Reichen lernen
Kleiner Mann, was nun?

Zahlt auf die alte Art

Kleiner Mann, was nun?

Der Unwissenden Lohn

Kleiner Mann, was nun?

Werbestrategie – Billig – Gimmick oder
Realität?

Kleiner Mann, was nun?

Hässlich verpackt

Kleiner Mann, was nun?

Vereinbarungen

Etwas kann mündlich angenommen werden
Vereinbarungen sind wichtig, aber nicht das
Endziel

Und Angebote gelten so lange, bis sich
jemand einmischt

Wir sind Absatztreiber – was sonst

Leider können wir die Dinge nicht bequem
betrachten.

Miteinander reden ist wichtiger als
Geschäfte zu machen

Vielleicht möchten man aber auch lieber vor
dem Computer sitzen und Spiele spielen.
Das Wichtigste ist Lebensqualität

Weniger ist mehr

Du glaubst, Kleinvieh macht auch Mist

Du sagst, kleckern ist besser als klotzen

Du praktizierst nur jeden Tag zwei Minuten
Training

Extrasport lehnst du ab, es geht auf die
Gelenke

Völlerei vermeidest du, diese Intensität
musst du nicht haben

Ohne Arbeit macht dir die Freizeit keine
Freude

Das sagst du täglich, all Ding ist Gift, nur die
Menge machts, dass ein Ding kein Gift ist

Torhüter fürchtet sich vor Elfmetern

Sie kommen mit den Schwierigkeiten des
täglichen Lebens nicht zurecht

Es ist einfach, in Krisensituationen
angemessen zu handeln

Der Torwart wählt die Ecke, bevor der
Schuss abgegeben wird

Sie haben Angst vor Krisen

Kein Risiko, kein Spaß

Der Torwart wählt die Ecke, bevor der
Schuss abgegeben wird

Sie haben Angst vor dem Alltag

Das ist die Angst des Künstlers vor dem
Altern

Der Torwart wählt die Ecke, bevor der
Schuss abgegeben wird

Sie gehören zu den Menschen, die
besonders gut unter Druck arbeiten können.
Der Torwart wählt die Ecke, bevor der
Schuss abgegeben wird

Gute Natur

Betrachte Menschen wie dich als weder
mehr noch weniger

Freundlichkeit funktioniert nur, wenn jeder
sie praktiziert.

Glaubst du, dass sie auf Freundlichkeit
dumm reagieren?

Gib und es wird dir genommen

Denke nach und versuche nichts zu
verbergen

Helfen müssen hilft nicht

Andernfalls wirst du unter Ausschluss der
Öffentlichkeit ausgeliefert und öffentlich
gelyncht.